器道之间：电子竞技教育的价值逻辑

崔海亭◎著

吉林出版集团股份有限公司

全国百佳图书出版单位

图书在版编目（CIP）数据

器道之间：电子竞技教育的价值逻辑 / 崔海亭著
. -- 长春：吉林出版集团股份有限公司, 2024.4
ISBN 978-7-5731-5117-9

Ⅰ.①器… Ⅱ.①崔… Ⅲ.①电子游戏—运动竞赛—职业教育 Ⅳ.① G898.3

中国国家版本馆 CIP 数据核字 (2024) 第 111050 号

器道之间：电子竞技教育的价值逻辑
QI DAO ZHI JIAN：DIANZI JINGJI JIAOYU DE JIAZHI LUOJI

著　　者	崔海亭
责任编辑	李柏萱
封面设计	谢婉莹
开　　本	710mm×1000mm　　1/16
字　　数	240 千
印　　张	12
版　　次	2025 年 1 月第 1 版
印　　次	2025 年 1 月第 1 次印刷
印　　刷	天津和萱印刷有限公司

出　　版	吉林出版集团股份有限公司
发　　行	吉林出版集团股份有限公司
地　　址	吉林省长春市福祉大路 5788 号
邮　　编	130000
电　　话	0431-81629968
邮　　箱	11915286@qq.com
书　　号	ISBN 978-7-5731-5117-9
定　　价	72.00 元

我们选择了一种方式，让我们既能活跃在电子竞技领域，又能忠实于一个多世纪以来我们所遵循的价值观。在电子竞技领域，价值观一直是我们不会逾越的红线，我们清晰的立场也赢得了电竞界越来越多的尊重。

——国际奥委会主席　托马斯·巴赫

前　言

　　本书所探讨的问题起源于对电子竞技教育价值本质和存在意义的逻辑追问与思考，也是我近十年热爱和从事电子竞技事业的经验探索。首先，教育价值的本质是使学生主体向善、至善，具有传递知识和立德树人的作用，使人们朝向未来美好的生活。其次，从电子竞技教育的事实和实质来看，游戏、体育和教育交织融合，是电子竞技教育价值逻辑的范畴和起点。价值决定电子竞技运动的选择和方向，体现在以人为本、止于至善、全面发展的理念上。

　　随着人类生成式智慧表现的高阶技术文明的进步和移动互联网络全球性、时代性、物联性资源共享，电子竞技运动以游戏发展到数字化阶段为载体，以电子游戏的虚拟体育竞技属性为依托，以游戏、人和生活的沉浸交织关系为启示，引发了人生命本性的舒展，受到大众尤其是青年群体的广泛喜爱。在现实社会中，游戏、电子竞技运动、虚拟体育生活和电子竞技教育的逻辑目的殊途同归，都是旨在实现"现实的人"的全面发展，满足人们美好生活的需要，实现人自身的生命价值，在社会历史中，追求人的自由，因此倡导良性至善的电子竞技教育，培养大量高素质应用型、管理型、研究型、实践型、创新型的人才，实现人的全面发展的满足，是我国电子竞技教育的主要任务。

　　老子在《道德经》中提到"道、法、术、器、势"的原理。道是天道，是生命的自然，是人的本性，是对内在价值生命力的彰显，生命的正常状态，器是有形化的工具和物质，是事物的外在价值体现。道是理念，器是工具，道以明向，器用成事，器道结合，妙理之用逻辑奇也。借用器道之间的关系，游戏之器和技术之道，都指向电子竞技教育——"人"的理性价值的内化和外显价值逻辑的实现。将游戏技术化载体舒展开来，实现人具身感知的延伸，电子游戏的体育竞技和运动管理要慎重对待电子竞技教育中游戏的"器用"价值、技术的"工具"理性价值，最终技术化的电子竞技和电子竞技教育"道"的目的都指向生命之维的价值彰显，是"生长满足—生活技能—生命自由"的逻辑向度判断，是电子竞技教育生命理性和实践理性的必然遵循。

电子竞技具有文化、游戏、艺术、体育竞技、教育等属性，是国家体育总局界定的第78个体育项目。2016年，电竞成为教育部发布的增补专业。2018年1月，中国高校电子竞技联盟成立。在雅加达亚运会上，电子竞技成为表演体育运动项目。2019年，山东体育学院招收第一批电子竞技运动与管理本科专业学生40人，实现了高学历、高层次人才的培养，解决了电竞选手基础教育弱化和游戏竞技冲突的矛盾，开启了电子竞技高等教育的新纪元。随后，中国传媒大学、广州体育学院、首都体育学院、齐鲁工业大学等高校都开设了电子竞技运动与管理本科专业。2021年，国家职业技能标准正式发布电子竞技员规范。2023年，由中央广播电视总台参与的国家电子竞技发展研究院正式成立。同年，在杭州举行的亚运会上，电子竞技作为正式体育项目第一次入亚，3.5亿人关注亚运电竞，全球电子竞技观众及爱好者接近5.74亿规模。在世界范围内，2024年俄罗斯将举办国际锦标赛——未来电竞运动会，沙特将举办一年一度的电竞世界杯，国际奥委会主席巴赫表示创办奥林匹克电子竞技运动会，这些信号都给电子竞技教育带来了生存的时间和空间，提高了信心。

电子竞技教育的价值逻辑旨在游戏之器与技术之道的深度融合、共鸣和协同，促进人的全面发展，实现人生命的自由价值。以道驭器，在推进电子竞技教育人才培养方案制定、教学目标设计、课程安排规划、师资建设和学生技能素养提升的教化中"去游戏化自觉"，彰显生长满足；由器悟道，在电子竞技教育的电子竞技项目设计、电子竞技赛事植入、电子竞技俱乐部发展、电子竞技职业生涯谋划中"促体育化自为"；器道合一，在电子竞技教育改革、电子竞技教育就业服务、电子竞技教育产教融合、电子竞技教育"现实人"的全面发展中"展生命化自由"。

本书从马克思主义价值论哲学和存在生成意义的价值效应出发，致力于梳理电子竞技教育的定义内容、发展脉络、表现形式，探讨电子竞技教育中的游戏载体和技术之维的发展与意义旨归，研究电子竞技教育的人才培养、课程设置、运动管理、师资发展，展望电子竞技教育的未来，为电子竞技运动与管理教育事业社会电子竞技教育引导的发展提供助力。

在此书的写作过程中，作者得到了学院领导、导师、专家、学者、选手、教练、学生和对电子竞技教育有情怀的爱好者的帮助、资助、实践和指导，得到了山东省电子竞技运动协会的支持，在此表示衷心的感谢。因作者写作水平有限，书中有一些地方需要进一步完善，恳请广大同仁和读者多提建议，携手并进，为我国电子竞技事业自由、和谐、有序的发展贡献自己的力量。

目　录

第一章　器道的价值意蕴··1

　第一节　器道的规则境悟··2

　第二节　价值自发到自觉··8

　第三节　器道的价值取向···13

第二章　电子竞技教育概述···17

　第一节　电子竞技教育概念厘定··17

　第二节　电子竞技教育的价值链··26

　第三节　电子竞技教育的组织架构··30

　第四节　电子竞技教育的价值观··32

第三章　游戏之器：电子竞技教育生长满足的哲学基础·······················40

　第一节　时代境遇：人是游戏者··41

　第二节　时空演进：电子游戏的文明······································43

　第三节　游戏体育化：游戏价值的具身····································54

　第四节　游戏竞技化：体育价值的竞技····································57

　第五节　游戏教育化：教育价值的兴发····································62

第四章　技术之道：电子竞技教育生活技能的发展嬗变·······················70

　第一节　电子游戏——技术游戏电竞·······································71

　第二节　虚拟体育——虚拟运动电竞·······································81

　第三节　人工智能——深度电竞人···87

　第四节　未来竞技场——沉浸环境电竞·····································92

第五章 以道驭器：电子竞技教育案例实证的价值实践 …………………………… 96

 第一节 电子竞技培养方案 …………………………… 97

 第二节 电子竞技课程设置 …………………………… 107

 第三节 电子竞技师资培养 …………………………… 118

 第四节 电子竞技学生技能 …………………………… 123

第六章 由器悟道：电子竞技教育核心素养的循证超越 …………………………… 129

 第一节 电子竞技项目 …………………………… 129

 第二节 电子竞技赛事 …………………………… 144

 第三节 电子竞技俱乐部 …………………………… 151

 第四节 电子竞技职业 …………………………… 156

第七章 器道合一：电子竞技教育生命自由的逻辑旨归 …………………………… 159

 第一节 电子竞技教育服务改革 …………………………… 160

 第二节 电子竞技教育校企合作 …………………………… 164

 第三节 电子竞技教育就业路向 …………………………… 167

 第四节 电子竞技"现实人"的全面发展 …………………………… 172

参考文献 …………………………… 179

第一章　器道的价值意蕴

道可道，非常道。道以明向，法以立本，术以立策，器以成事，势以立人。无，万物之始也。

——老子《道德经》

道是中国经典的思想哲学基础范畴，与西方哲学精华智慧比肩，是人类思维和理论奥义的精髓。人类演绎、生息、遗传和繁衍，在思想长河的明辨争鸣中升华智慧，"变"的是对自身存在和生命价值的时空之维的探索，"不变"的是自然的人体机理、生机具身结构，二者意蕴联系之间，人与时空、人与自然、人与工具、人与人、人与社会交融缠绵、消亡生发，演进着人生命的意义本质和认识特性。站在人类命运共同体的角度，人类的终点不是死亡，而是道的存在、感悟、启示和践知的"生生不息"，这值得探索和期待。老子的《道德经》提到"道、法、术、器、势"的原理，其中"道"指的是天道，是生命的自然，是人之为人的本性，是对内在价值生命力的彰显，生命之善的正常状态；"器"乃物之形，是神器化的工具和物质存在实体，是事物的外在价值体现。

道是理念，器是工具，道以明向，器用成事，器道一体，妙理之用，道理奇也。器道成事的价值取向是自发到自觉的过程，遵循器道的规则范式，天地君亲师，师法世界，在天地之境初始，顺应自然，经世致用，在历史发展演绎中坚持工具理性与价值理性的实践统一，心明至诚，大道至善至简，"道生一、一生二、二生三、三生万物"，从而实现价值的"主体—客体"整体效应的提升。器道的价值意蕴包含三个层次的含义：就本体论而言，"道"是"器"的终极境界；就方法论而言，"器"是"道"的感性体悟；就认识论而言，"道"对"器"的统觉体现为知行合一、通贯的价值辩证思维。

第一节　器道的规则境悟

器用自然万物的存在，有其合理之道。器合于道，则绵延开悟，横亘万古；器不合道，则淫技巧智，昙花一现。器道的境界指向道法自然的超越，蕴含着生命的机理和能量。由器入道，明晰最优之理；由道至器，大道至简，通用至极，在人的体悟和统觉中，天人合一，顺其本心自然，人心即道理，自觉践行和遵循世间宇宙规则的境悟。

一、器——道的境界

（一）道的意蕴

道是本质规律的终极所在，是方向的导引和器物的本质寄托。"道"最初由路的功能引申而来，意蕴方向，后释化为"可意会不可言传"之理，不可明说的抽象的大道蕴为其中。道生万物，为天下之母。道是自然法则抽象的凝结、提炼、精髓与体现，讲究阴阳调和、宇宙之理的畅然运行，是生命之善的本真，是法则的正常状态，是万事万物背后的道理。道不以人的意志为转移，是客观存在和不断认知的，合乎本性就是善的，认知存在、舒展本性就达到了道的境界，进而天人合一，道法自然，运用自如。道无穷极，渐行追寻，"道"的意蕴在合理、合适和最优的"在"中，满足价值逻辑要求。

1. 道法自然

道法自然遵循世间万物的运行天性，世界枉然，如春夏秋冬、花开花落、阴晴圆缺、物极必反、否极泰来。天下皆之为道，道之根本为人，人也是自然存在和自我意识的一种形式，自然界因人的意识而存在，人的道因自然界而进识，天地间道大、人也大。儒家《大学》指出"大学之道，在明明德"，明理学家王阳明说："圣人之道，吾性自足。"道既是自然的存在，也是判断好坏的价值标准和范畴。《传习录》中提道，"天理既是人心，心即理，人心明晰万物，不假外求"，天道是人的自然认识，是人之为人的人生观、世界观、价值观对客观的终极认识体现和神往精神寄托所在。

2. 合理之道

合理是符合人、工具和对象自然本性的和谐关系的客观表现，合乎本性的就是合理，"合理"才能延续下去。老子说"执大象，天下往"，道之所用，就是按照事物本来的自然状态去实现合理。对于江河之水，因势利导才能疏通，而不能违背自然规律，采取不合理的方式疏堵，以致堵塞江河；对于庖丁解牛，顺乎于则才能游刃有余，达登峰造极之化境。合理之道，无偏差，不伪善，不重"奇技淫巧"，兼顾道德、情感和理性。合理要成己达人；知书达理；己所不欲，勿施于人；己所有欲，勿迫于人。在探寻事物本身的过程中，有仁有爱，有道有德，合乎于理，采用合乎、接近事物自然本性的方法，避免陷入"形而上""形而下"的歧路，谷神、玄牝，将物视为物，周始不殆。

3. 道之最优

最优是价值、效率满足主体需求的优质成就感受，顺应自然，进而寻求最优，揭示事物的自然普遍原理。最优效果的获得是对事物的价值利用最大化，站在全局的角度进行整体谋定，既要探索局部最优的实现，也要注重大局整体最优的中庸，最大限度地接近道的实现。寻求"道"的过程中，具有复杂的社会性、环境性和不确定性，要注重思想、文化的传承，学会站在前人"先验"智慧的肩膀上，将"道"的成果总结提炼出来并传承，这是人类的使命和责任。很难用一个精确和准确的定义标准去衡量阐释最优的结果，道在实现最优的过程中成就了"道"，也并不是所有的事物都要追寻道的最优，探索所有事物的奥秘，道最优之境是人、工具和环境高度和谐一体的境界。

4. 生命蕴道

世界丰富多彩，人的角色因人的生命感知而变化千姿百态，生生不息是道德载体——人的独特蕴意所在。生下来，活下去，延续下去，有"生命力"地活。老子说"有生于无"，生命本身的蕴道在于生命的自然变化、顺然实现、生命不息。伯格森认为生命是无穷意志体现的实践生活，狄尔泰认为生命是一种活力、一种冲动、一种创造，在生的过程中，主动求变，认识、把握生命的本质，将生命的状态绵延在时间和空间的开放活动中。在不能确定的客观中，生命是平等的，生命是开放的，生命是动态的，生命是整体的，在自由和创造的社会过渡中完成生命信仰。在生命进化的自然法则中，适者生存，优胜劣汰，人们需要适应外部环境。生命的变化无不蕴含着道的博大精深，生命状态的稳定、保持、感受、追寻，时刻体现着人的意愿、欲望和意志，人们在生命冲动的置身内外运动中趋利避害，周而复始，调息内部状态，自我适应。不屈生命动力在人的自我激发和创造中成熟，生命运道的兴替、延续、变异、循环时刻昭示着人的诉求、价值和存在。

5. 技术之道

战国末思想家荀子在《劝学》中提到"君子生非异也，善假于物也"，传播学者麦克卢汉认为媒介是人体的延伸，人认识和改造工具、借助和利用工具认识物，学会在自然中顺应生存，促进了人的高级进步和生命绵延。认知各种"道"的实现途径和假借之具，就是"技""术""技术"的价值所在。科学技术是第一生产力，促进了社会的进步和人类文明的发展，在技术改造和使用中体现了人的主体性和存在意义，为探求无具象的"道"提供了可实践操作的中介，在此过程中具有一些合理的、最优的、顺其自然的共性，就是技术之道，如庖丁解牛，只有在合乎牛的生理特征处下刀，合乎刀工具的自然本性和牛生理的自然特性，才能达到"道—解—体"的境界；如流水化形，只有在包容求变的弯角处适应，合乎器的顺然本质和物的流淌指向，才能达到道的普世价值和机理的体现。

众多学者从不同角度探讨争论技术的本质，如器物层面的手段工具性、技术改造自然的能动性、规则工具的协同性等。综合而言，技术之道的驱动力是人们对技术价值效率的追求，协调技术异化的混乱状态，取优、足意、合乎技术的常理。同时在技术载用过程中还要注意，不同技术实现各要素之间的和谐关系，从长远性上看问题，寻求技术之道的通性、融性才是大道，如人操作工具的和谐、人心理预期和工具欲望实现的和谐、工具控制和人技艺的和谐、工具改造和事物本性顺然的和谐，技术活动发展再生和自然环境保护的和谐，以及技术交往中涉及人利益和付出代价的和谐。在电子竞技的发展历程中，由身体游戏、物件游戏到假于物的技术游戏，游戏技术的实体升级，不断改造着游戏的竞技规则和使用方式，进而影响到游戏之道的形态、状态、常态和拟态，游戏随着技术的发展和改造，实现了人竞技的价值需要。

（二）器之存在

器是实物的存在，是道的直接实际体现；器是工具的载体，是最接近我们生活的具象。"工欲善其事，必先利其器。"百工之器是社会和人类进步的精华的浓缩，学会和善于制造、使用、创新工具使人从自然中分离出来，并提供了人道的发展可能。生活首先要满足温饱、遗传繁衍等生存需求，其次表达需求和精神愉悦，再次升华价值和实现傲物回归，回溯人类的发展史。在文明与战争的冲突中，在生存与成长的矛盾中，道的所在直化为工具器的使用史：在原始社会刀耕火种，石器制造；在文明农业时代，饲养农耕，铁器生产；在工业时代，技术机械，金属冶炼；在信息时代，智能物联，原子万物，工具器的使用提高了资源的利用效率，极大地丰富了认识自然的手段。"器用行运谓之通"，工具是理论和实践的意义实用通达，工具客体是客观存在的，但是工具技术的使用主体却有善恶之别，因此产生的价值判断、意义选择和使用态度会千差万别，而且工具的使用需要掌握一定的技术和方法技巧，受到人的接受意愿、需求迫切程度、使用能力和社会文明等级进度的影响，其工具性、易用性、操作性有理论和实践的边界和束缚。就电子竞技运动而言，游戏是电子竞技的载体和工具，是游戏之器的存在。游戏的出现和表达受到技术发展程度的制约，在古代是身体游戏、物体器具游戏，在现代是电子化、数字化、信息化的游戏器用形态，并且随着技术的发展水平而改变，电子竞技技术之道，由无数的游戏时代存在、形态组成，是工具的表象。

（三）器道的境界

器与道既是形式上的分离，又是外在和内在的统一，将道理解为器的境界所在，是从价值角度，对技术和人类活动的本质进行的抽象概括和哲学思维表达的运用；将器理解为道的表现，是从逻辑角度，对思想行动的落实进行的现实写照和实践思维辅成的需要。器同于道，不同的器用价值外表下是功能的同一"道"，器可以表现为纷繁复杂的种类，而去伪存真，符合技艺的内化表现，承载自然通用的规律更接近于道。《易经》中说"见乃谓之象，形乃谓之器"。通过看见的经验，得到器形之术——体的道，终为天、地、人三才的合一。一般来说，器道的境界可分为天地之境、功利之境、道德之境三个层次。

1. 天地之境

天圆地方，天人合一，天地合一。哲学家庄子说，"有人，天也；有天，亦天也"，天生我才，万物于我，地养其身。在初始混沌无欲的状态中，天、地、人本是合一的，随着思想的变异，社会制度的变迁，万物表象陷入"对异"竞争的束缚中。天有天之道，育万物，地有地之道，养万物，人有人之道，生万物。《易经》中说："立天道曰阴阳，立地道曰柔刚，立人道曰仁义。"道是器的生成原则，在内照对应和外在写实中，实现天地合一的互通感应，合于自然无为之境、自然之境。

2. 功利之境

器的价值是有用性，用进废退，器的道境也是由一些程序的实际可操作组成，器的功利属性是最容易产生想象中、暂时的怡情文雅之快乐，功利之境是普通人的用器之道，往往产生急功近利的倾向，过分关注器用的外在利益，造成行为的异化。

3. 道德之境

子曰"君子不器"，除了追求器物的外在利益，道的德境亦能解惑、生根和发芽，注重自身修养的品德，用德之感化来维系、升华器的价值走向，提升自身的社会责任感，换位思考的使命感和人的生命意义的价值感，追寻道的至善。道不仅用来感悟，更需要传道、成道，用符合时代旋律的精神实现由器到道的转变，回归德的本心，道的本境。器道互为的过程中，道德认知的提升、道德情感的升华、道德意志的磨砺、道德行为的养成成为工具器用的完善和表现向度，能够筑牢"道"的价值引领，推进道德自由的利理增进，用潜在的道德、秩序、文明、约束，达成道之文化的认同养成，打破工具理性宰割的桎梏，以德育器，以德化器，以德生器，实现器用质料明人伦、守人德的常境。

二、由器入道的体悟

身体的感受是最真实的刺激反应，是形成经验的第一印象。体悟是行动中获得感受的身体力行，往往不需要经过深度地思考直接洞悉规律性的本质，是生命机体的本能反馈，在实践行动中把握器的合理最优方法，最直接有效的感悟就是器的接触与直觉体悟。"纸上得来终觉浅，绝知此事要躬行"，不断趋近和探究道的真谛，"道"在某种意义上来说是器的实践智慧、规律的总结、法则的自然。道的体悟在我国传统文化中也被称为象思维，包括直截了当感知的具体的类象，如气象、天象、脉象等，也包括抽象表达的心象，如卦象、意象、道象等，用超然于物的"意"，表达合乎事物本性之道的"会"，进而深刻总结和领会哲理的道，体悟中往往并非任人而为，诸事遂心，一帆风顺，要经历苦恼、冥想、迷惘、兴替、淘汰与困惑。器是道的认知基础，心灵驰往才能精气神会。

就电子竞技运动而言，游戏之器的体悟面对的是游戏和竞技的表面现象，渗透着人性的游戏精神，因此，产生随意性、舒爽状态。然而，在电子竞技进一步的体育实践运动和人的身体运动适应、进化结合中，逐渐显现游戏之技在生活的普适之用，在合理的监管下就可能存在和实现游戏的道。从"器用道义"来看，游戏符合人的自然本性的消遣，深化游戏体悟的无形娱乐、怡情体验和程序化体育的竞技，将生活方式进行移植，进而改变了游戏之器的道。因此，就需要以电子的技术形态体悟、参验电子游戏的竞技规律，充分发挥人的主观能动性，将主观体力和智力，合乎电子竞技的体育本性、身体自然属性，消除游戏之器的无限制模式，将知识、思维和经验结合起来。

三、由道至器的统觉

道对器具有统觉的反作用，是器发展的指引，这是道在人类发展、社会发展和时空发展中所承担的功能使命和意义所在。道并非是永恒不变、固定等待发现的存在，不能将器的各种属性要素割裂来看，也不能将器硬性嫁接到道的伦常中，去牵强分析"道"的理路。

道统觉的实现要以贯器之，贵在恒常，"万物得一以生"，对道的追求，激发了器的想象和创造，在压力的逆境和希望的顺境等欲望的驱使下改进工具、发展工具，提升、为继工具。由道至器还表现在特色文明、文化的代入，任何器物的价值实现都不是孤立的，而是处在社会实体环境和历史长河中，时空的跨度时刻在变革着器物的价值。

第二节　价值自发到自觉

不断完善的价值范畴，使人类社会更加美好，在不断的意识中生发出希望的追求与自我价值实现的完善。价值自发到自觉的过程是对事实实践的超越，价值的"善"促进了主体、客体良性的效应存在。从实践价值的存在出发理解价值，人类所有的实践活动不是主观的臆造与空想，而是蕴含着价值主体、价值客体、价值关系的层次满足，超越资本，实践权利，实现人的全面发展，人要成人，更要达己。坚持器道工具理性和价值理性的统一，在理论和实践的价值哲学中，实现价值域的生态化，完成价值自发到自觉的逻辑转换。

一、从实践价值的存在出发理解价值

价值是人认识客观世界存在的意义和初衷，并非人的主观臆断和空想，法外无法，涵盖人直面的物质和精神一切现象。从认识论的角度思考，价值需要涉及价值主体、价值客体以及主客体之间的作用关系。价值不仅是客体与生俱来具备的意义属性，而且是在与人的交互过程中被人认知，满足人的需要，与人的精神和意义创造、创新密切联结共鸣。马克思主义从人类实践和人类全面理解认识活动内容出发，形成马克思主义的价值论，揭示出价值现象本质是客体对主体——人的意义核心所在，认为价值同真理等，都应该是人类追求的实质。价值包含满足人需要的效用和人自身主体两个层次，"器"的核心内容是关系的效应、效果和范畴，在这个相互、互动交往过程中，客体对主体产生影响，主客体间相互作用，利益互为满足、趋于最优，进而出现涉及主体间、客体间、主客体间、客主体间、中介环境间的交互关系，从而产生价值效应，实践是联系器物价值和道的有效形式，从价值实践的存在实际出发，去理解价值的存在关系和应对关系是价值的应有之义。

（一）马克思主义哲学价值论

无产阶级革命导师马克思认为哲学范畴的价值是各种具体、多元形态的总称，同使用价值和伦理的"善"有异曲同工之妙，从实践角度，是人生存活动中的特定关系基质，贯穿于不断实践认知、使用和创造的全过程，不同人所追求、取舍的价值出发点和获得感因人而异，不一而同，具有属人性、社会阶层性和客观不转移性的特点。随着对"谁"和"谁"为主体的变化而变化，价值在人的载体从属和对立偏见间实现社会、历史"存在的统一"。马克思主义从无产阶级和劳动人民出发，为人类主体价值的追寻和价值可能参与的评价提供了世界观和方法论，客体价值本身的解决，主要是针对存在着"是什么？为什么？怎么样？"的回答，而客体对主体的意义所在、利弊之意，又是人应该怎样选择的判断问题，是人的视野的开阔问题，成为主动、有意识认识、思考和发展世界、改造世界、创造时代的依据所在。

物为人而在，器为用而成。价值是人的对象性活动形成的主客体关系，通过"关系说"这种方式来理解价值的规律和本质，不仅能够揭示价值内核的普遍之道，而且成为马克思主义一脉相承、整齐划一、具有顽强生命力的理论体系精髓支撑，为科学解释价值问题和价值史料奠定了基础。

1. 人的全面发展

在现实性方面，人的本质是一切社会关系的总和，时间和空间的历史进化造就了人，物化、人化之间，实体、反映之间，思维、实体之间的相伴相生，人在成长、生活中不断创新和创造，改造的同时自己也成了历史文明的一部分。人本身也是历史的一种形态，人的认识、批判、发展、异化的利己主义和行乐主义也全面渗透到价值的形成中，人对自然世界的认知和拓展，存在物欲的情态。马克思主义意识到人的最终价值取向问题，从全面发展角度，把人融入社会，把人和社会的全面发展统一起来，让生命价值在道的全面展开中，实现人类历史长河中自身存在价值光芒的绽放。

人的解放和价值取向的最高境界是人全面、自由地发展，以人民为中心的发展理念就是它的延展与探索，每个人自由全面发展也就实现了所有人的发展，实现了人类的全面发展。现实的人是具体的，是个性和共性的统一，处于无时不在的实践生活中，受到物质资料、生产方式、思维逻辑和为己为物的影响，是动态的发展变化过程。人与人、人与物的能力、信息、劳动、利益交互和交换，通过价值体现得到教育，通过教育人性的生命释放得到仪式的存在。人道、物道、自然道、关系道就是价值的更高目标实现——人的自由、充分、全面发展，人是人的道的本质。

人的全面发展要成己、修己、达己。器物之学也是人学，人充满选择可能的无限阈限，价值和道决定着行为的方向，人在历史的时空中达成自身的全面性，人之为人的价值性。人性善、异化、回归，马克思认为人的全面性是现实关系、观念关系的全面性，通过实践全面的关系，创造人的本质，在自然普遍的物质交换中，在社会共体的善群修己中，成为自由、全面、丰富、有意识的人。

2. 超越资本的抑或

资本与器物的功利之境有关，直指生产力的技术形态、经济资本形态。物质财富的社会性是自然的阶段和人生存的基础，人最开始和最终回归的也是物质资料的尘埃，直接承载、左右着价值的实现。人的必需、必要劳动创造价值，社会和器物的存在决定意识、价值和意义。在一定程度上，资本对社会发展有促进作用，但是资本不是万能的，不能唯资本论，被资本奴役和控制，出现贫富抑或差距两极分化，人类共同富裕、全面进步是和谐的目标。在有限的资源时空，去挖掘存在，利用财富，实质精神生产也是特殊的物质性、创造性的劳动生产成果，在人自身生产和物质生产之间起到指引作用，最终达到自由"道"的目的。器用物质资本产生特殊的生产动力，抑或促进、抑或抑制，在复杂关系中促进了科学技术的飞跃，满足了人自身价值改善和追寻的需求。当生产资料积累，达到一定的剩余和丰富的程度，超脱了欲望的需求，超越资本的抑或压制，便趋向于人性的解放、自由、全面的道的领域实现。

3. 价值的生态阈限

价值是多维的，价值的生态性来自主体的需要和认识的能力。价值是一个动态的过程，超越历史不断创新，价值产生在主客体的相互关系中，不依赖于评价者的喜好和意识，受到客体的客观存在和主体的内在评价尺度的影响。价值创造和真理追求是人类进步的两大支柱，价值原则下，要求人们的思想行动满足人的社会性需要和利益诉求，通过消减外部世界的束缚和规定，实现新的价值创造和主体尺度的自由，达到生态平衡。价值通过人的活动达到真善美的忘世生态之境，并表现为自由的最高尺度。"真"是价值主体无限接近客体必然的目标状态，"善"是道德之境主体必然的统一状态，"美"是真和善的价值肯定的艺术状态，三者共同构成了价值主客体间关系的生态阈限自由和谐。人不断认识器物的价值，提高利用自然的能力，挖掘、创造更多的财富。

（二）存在生成意义的价值效应

价值的选择决定了活动和行动的导向，促进了社会的进步和生命善的意义的生成，使人们奔赴美好，从而具有生活的信心。价值一般分为理论和实践两种形态，是愉悦的、满足的和可评价的。结果之道的印证，是价值效应存在的意义，关乎主客体的交往联系。从实践、结果、实绩去评价、理解价值的理论，用事实的"器用"决定双向度的价值感知，从主体性、主体对客体的选择，客体满足主体的际遇需要来界定价值的效应。人的意义存在中包括价值事实，价值逻辑的一贯性和实践性，是走出仅仅"满足"价值困境的向度，事实器物对主体产生积极效应是正向价值，是善的存在价值。价值事实存在于价值运动的客观现实关系中，是不确定的可能结果的呈现，人对于未知的世界充满好奇，对于不确定的东西充满期待，客体的价值因不同主体的需求而不同。因此，价值必然和主体紧密联系，和主、客体的联系，是相互作用的中介关系效应整体，客体对主体有影响效应，主体对客体有需要意义。当作用发生了，意义和价值就产生了，积极的作用就是善的正向价值，人的存在就是激发这种生命的能量，认识和开发好自身的"功夫"。

主体和客体的相互作用是器物显化为实践和可操作的过程，在此过程中主体决定、选择、改造客体，客体主体化倾向，主体和客体相向运动，在实践的客观性和能动性之间统一起来，在客体和主体的相互作用中，价值的选择便产生了意义。因此从本质上讲，价值是关系的范畴。一方面，价值"一元"是人的本质能量的对象化；另一方面，价值"多元"是个体对人的功能主体的作用和意义。存在、进阶、完善是价值的三个效应动态层次，价值归宿于道的真、善、美之境界，道德价值表现为善，艺术价值表现为美，正确认识价值即为真，人在主体和客体的实践中实现了价值的效应自由。

二、坚持工具理性与价值理性的统一

客观器物多变复杂，主体需要多样的可能性，且历史是不断发展的，社会存在规律，生产力决定生产关系，主体在能动的价值选择中趋利避害，自由主动。韦伯将社会行为分为合理性的和非理性的，其中，合理性表现为工具和价值两类。

工具合理性也被称为工具理性，是从主观情感主义出发的，形成器具可预测使用结果而实现目的的行动常态，从而使自己的兴趣、需要、欲望得到满足，是"我要"的价值。在此过程中，器物的外化表现，如金钱、名利、成就、荣誉、技术成为直接表现和可预期的结果，其价值合理性也称价值理性，往往是从人类物质、文明可持续生态发展的角度认识人与自然的和谐，人的自由全面发展，不需要考虑使用结果而直接采取和完成的行动，是真善美追求过程中"道"的演绎。工具理性和价值理性辩证统一，既有区别，也有联系，工具理性追求现实的直接利益，是眼前的、暂时的、较低层次的价值类型，价值理性是对目标的长远预期、追求最优化和最大效率的目标，是升华的理想层次的实现，二者是现实与理想，手段和目的，接引和具体区别联系的过程。

就电子竞技运动现实生活实际来看，电子竞技市场经济追求利润的最大化，见效快、利益的最优化和功利的工具价值为塑造电子竞技的核心元素，提供了发展的快车道，加上技术游戏本身的视听觉冲击和娱乐工具的本性——工具属性，成为电子竞技运动目标"享受"的价值体现。虽然电子竞技运动的工具理性是其发展的社会基础，但是不能单纯追求利润和短暂的收益价值、短暂的精神生活的刺激和享受的快乐，应将电子竞技教育化"人"成"道"、育"人"成"形"的远大理想和健康向上的精神生活与理性价值的追求结合起来，不断创造，保持人的主体性状态。同时，需要兼顾自然社会生态和环境和谐的方方面面，将人类可持续发展和自然一体统筹起来，坚持电子竞技工具理性和价值理性的统一，在情感对待和理性思维上去指导并践行电子竞技的体育运动和电子竞技教育。

三、实现价值从自发到自觉逻辑转换

认识现象、探究本质和依规律行动是递进的层次关系，价值从自发到自觉的实现，需要主动性逻辑转换的过程，由价值认识、现实自发性崇拜到自觉性践行，需要在不断创新和实践中深化价值的内涵意义，在器物的存在中进行价值判断和价值评价实现，也需要有对自我否定和价值试误的勇气，这个阶段和过程是漫长的，不能一蹴而就。解放思想的束缚，将价值从自发到自觉地执行，实现新的价值超越，将人类思想的思辨精神、思考精华融入物质收获中，融入价值的体系中，特别是引入马克思主义实践研究原理，透视人的存在和物的关系，跳出价值追求本身去看待问题，不追逐"是什么"的拷问，而是在深入历史，深入生活，深入反思中，去自觉考量和践行价值真知，作出人之为人，人需为人的贡献。

价值是主体和客体的关系范畴，是建立在实体之上的属性的意义探索，如人作为价值的主体，就是生命存在意义的彰显，表现为自由、权力、劳动、主动性能力等基本形式。人道价值是器物的终极，实事求是的价值过程是促进价值，从自发到自觉转化逻辑的途径。以科学的世界观和方法论作为指导，重视主客体价值关系，生长生存的环境，生态和自然整体，从人类存在、绵延和发展的角度去理解价值的意义，主体与客体相互作用，休戚与共。

第三节　器道的价值取向

"形而上者谓之道，形而下者谓之器。"器道价值关系平衡依存，取向澄明为自然而然、经世致用、大道至善、顺应自然。器中有道、道中生器，器道相宜、器以载道，在人的积极自由理解中化为无形的物悟，无限接近终极真理。器道相通，物我与共，君子不器，在人的生命自然超越中实现器道的价值。

一、顺应自然

社会中的人与自然是和谐统一的，自然是孕育生命之所。由器入道的过程是器物价值顺应自然协调一致，不断交织演化的过程，自然而顺然，符合器物本性的发展和生长要求。人通过思想的能动性，加入自然的改造和顺应行动中，相对于宇宙和大自然，在人类短暂的生存空间中，充斥了意志的强制和单向度的时间愿景。顺应自然指的是器物的活动，要符合事物自然的本性，符合事物本来的发展变化规律，老子说"人法地，地法天，天法道，道法自然"，由器入道的取向，指向合理、优化、自然的道。作为身外之物的自然被人认识、认知、改造和获得生存的能量，并非对自然的放任、无为，单纯顺应，而是要凝结和尊崇"道"的引导，参照器物本来发展的变化规律，从根本上维持人与自然的动态关系、稳定状态，人和自然不是对立的，有不同的阶级属性、利益属性、技术属性，在内部争斗、外部斗争中，不断挣扎、和谐共进，"天下大势，合久必分，分久必合"。天下中具有人的生存认识，也不是以一个声音整齐划一地面对自然，这就需要不断调整器道的影响效果，来实现对自然界合理的利用和改造，以道的指引来发展器物。

自然是天地化育的认知和实践智慧，《中庸》提到"赞天地之化育，则可以与天地参矣"，达到天、地、人合一之境。《天工开物》指出："天覆地载，物数号万，岂人力也哉！"也不能陷入人定胜天的价值判断中，完全将命运交于天，因此因势利导，利用顺应自然的规律，去改造自然，适应人类的生存和发展需要。《孟子·尽心上》提出"君子之于万物也，爱而弗仁"，因地制宜才能五谷丰登，解决温饱问题，因势利导才能疏河通道，绵延天泽，在顺应和感悟自然中体验到昊天下、重器道的命理意蕴。

顺应自然的器术之道，应该是和谐的改造和能动的乐道，而不是悲道，争是为了不争，战是为了不战，价值在时间的完成和缩短中，尽量尽物之本，还人之性，将人的存在和器物的价值实现放逐到自然的整体系统中，回归宇宙的无限可能中，在不断调节、消解天地人的对立的同时，实现人与自然的和谐。

二、经世致用

经世致用，格物致知。立足现实处理经世的各种关系，达到致用的评价标准，服务于社会发展，用务实实干去解决发展问题，活在当下。反自然的矛盾和自然的教化，不单单是经济利益和器物价值的和谐实现，更是社会效益和性命道德关系的统一，在自然的经济上，讲究现实实用性。《尚书》中提到"玩人丧德，玩物丧志"，当生产力发展到一定水平后，器物的器用价值得到衰减，实用主义得到加强，在从自然经济到商品经济的转换中，不能浮躁虚夸，高高在上，一味讲"道"，不切实际，而要经国济世、学用结合，既符合市场和社会经济的需要，又注重调控物治和人治矛盾的解决。当生产力足够发展，人性身体的形态功用和价值需求就会张力弥合，存在于精神的向往之中，经世或许轮回为当下的致用。

《呻吟语》中提道："天下万事万物，皆要求有个实用。"杜威也提出实用主义思想。有经久耐用的需要，技术之道的价值目标迎合了致用的实际，器物合理的、对应的、有用的就是可以持续下去的"道"。技术在由应用过渡到使用的过程中，精益生产的体用质量决定着内容的取舍，问计于民，技术之道不仅不是奇技淫巧，而是体用结合的发挥，崇尚实效，用实事求是的科学精神，技术的适用标准，达到道对器的导引。

《论语·子路》中提道："君子和而不同，小人同而不和……"先进技术的发展、创新与吸收，可以加速对道的感悟，将技术的经世之用发挥到淋漓尽致，实现技术的有用性为人服务，与社会自然和谐。时至今日，社会生产力的角逐更多的是科学技术的发明创造与比拼，将器物层次的技术外衣屏障去除，改善尚工的观念。科学技术是第一生产力，将技能和器物的工具性、有用性耦合起来，符合了自然和谐的需求。经世之用关注器物的社会现实转化，是技术的"存天理、灭人欲"，以实用为宗，学用结合，尽器物之所用，治理世事之存在的价值需要。

三、大道至善

大道慎独，崇真尚善，善行是技术的一种能力，在器物道的演化中实现为公，最合理有效、最优化的方法，往往是最简单的途径。伦常大道光明磊落，朗朗乾坤，推己及人，率性之谓道，人与心相善生。器物本圆通融和，同体共生，抱朴守真，自然无为。庄子说"天地有大美而不言"，大道是器物价值内化的最高境界，逍遥无待，在安身立命处超越自身的有限性，齐物安化，解蔽器物的功名、权利、物役，祛善而自善，臻入大善，在入世、忘世和出世中，超越美善丑恶。

作为主体的人，以内在需求满足的尺度求真，把握客体必然规律求善，求真、求善统一于效应价值的实践。"善"对待支配人的价值选择和行为执行是不需要原因的，以理性价值为基础，善的实现促进了对善的服从，器物思辨理性的批判是对圆善的追求，按照欲求能力，善的生命自觉在客体的对象世界中成长、满足和改造。"大学之道，在明明德，在亲民，在止于至善"，器物价值指向生命的正常状态，在生命的理解中，文明得到传承和发展，价值得到了实现。

四、积极的自由

自由放之四海而皆准，但是需要积极地去实现。人同属于自然，并从自然中分化开来，自由是人、社会、自然的统一，是约束性和自主性的和谐，指向自律和他律的一致。劳动是自由的基础，自由分为积极的自由和消极的自由。自由是人类把握世界的标志，是人的积极愿望，强烈的、情感的目的归宿，当客体世界的种种限制渗透到人的主体的价值意识中，内化为主体自觉的需要时，真理和价值变成了自由的必然，表现为人的个性自由、社会自由、情感自由、能力自由、身体自由。

第二章　电子竞技教育概述

教，上所施，下所效也；育，养子使作善也。

——许慎《说文解字》

国家体育总局将电子竞技定义为"利用高科技软硬件设备作为运动器械，在统一的竞赛规则下进行的人与人之间的对抗性运动"[①]。游戏自古有之，兼具体育的伦常活动属性和娱乐休憩、消遣育化属性，游戏在技术之道的辅助下，发展到电子化的游戏阶段。后其显化而形成的电子竞技教育问题关系到游戏电竞应用及电子游戏政治、社会、经济、文化的发展走向。在电竞体育治理过程中，构建"人—机—社会"的教育模式，遵循人学和人育的关系规律，突破电竞教育人才培养范式，涉及电子竞技教育的知识创造、行为规范、游戏约束和道德之道等现实实践一系列问题的厘定。

第一节　电子竞技教育概念厘定

游戏是人的一种天性，自古代起作为一种体育文化现象释放了人的本心。游戏发展到信息电子时代，化为电子的游戏技术之器，游戏的道在虚拟和真实的世界，满足了人对自身生命意义价值的追寻。电子竞技产业喷发式增长，导致了器道的分离与失范。随着电子竞技文化语言的兴盛，奥林匹克电竞周等赛事不断开展，电竞人才和电竞教育的需求在奥林匹克的语境下极为迫切。电子竞技的教育政策、电子竞技的教育环境都影响着社会的认知和认可，由电子竞技精英化教育

---

① 苏青. 长林潭地区普通高校学生电子竞技运动参与研究［D］. 吉首：吉首大学，2013.

普惠转换，将电子竞技广泛应用于大众教育，遵循教育生态，实践电竞器道价值。提倡"育体向善、竞体不息"，促进电竞教育的高质量发展，满足人们对美好生活的向往。

一、电子竞技教育相关理论

电子竞技运动属于体育，电子竞技教育具有教育属性并兼具体育内容特征。体育是健康与美、身体自身极限挑战的代名词，讲规则、讲竞技、重公平、守诚信，承载着人类运动和生命健康延续的价值需求。教育具有教和育的价值属性，涉及的主体至少包括"主体—教育者（教师）""客体—受教育者（学生）""主客体关系的教育中介环境内容"等部分，也可简化理解为不同的人在环境、自然、社会下的教育关系，其内容涉及游戏的体育和信息的技术要素。教育的实施者和关注者还是在于人，在中国古代就有天人合一、道法自然、以和为贵、经世致用的育人治世理念，"修身齐家治国平天下"，关注教育的实施就是关注生命和文明的延续、社会的创造和生态发展的质量。

电子竞技是数字化社会演进过程中，电子游戏体育化和竞技化教育应用的体育主体。随着电子游戏市场和电子竞技产业的持续性增长，电竞商业化、职业化、产业化影响着电竞体育精神的本质。电竞在以青年一代为代表的受众群体中流行起来，已然成为足球、篮球后最为广泛的体育运动新型项目形式。足球延伸了人的足技，篮球延伸了人的手技，电竞扩展了人的智技，这些运动都在表达着"竞和争"的快乐。电子竞技教育的实施是实现公平正义、诚信友爱的和谐社会的关键环节，引导电竞可持续发展，关注青年一代，是体育道德规律应然的需要。目前对于电竞教育的体系建设可以从两个层面入手：一是从游戏和基于数字游戏的竞技教育出发，讨论教育中数字体育的育人准则和价值思辨，优化外部环境；二是从电竞教育手段形态的角度出发，分析电子竞技教育元素的社会行为和规范体制，提供价值范导。电子竞技教育包含个体、家庭、学校和社会四个核心部分，依托于电竞职业选手、电竞赛事、电竞俱乐部三个组成元素。

（一）电子竞技与电子游戏

电子是形式和手段，是技术之道的时代表现形式。竞技是体育本质，游戏是技术驱动下时代电竞的内容承载，是游戏数字化与体育竞技价值取向应用的结合。二者属性不同，目的各异。电子游戏以娱乐为目的，没有竞技的约束和规则要求，道德和精神承载，体现的是以人自由为本的放松的消遣，是一种休闲艺术形式，被称为绘画、雕塑等后的第九艺术。现阶段，因大部分项目都需要以网络为基础，所以电子游戏也称网络游戏。电子竞技项目的完成是以电子游戏项目的形式进行，包含数字游戏领域和虚拟体育领域可以将电子游戏项目看作专业化电子竞技的必经和过渡阶段、大众化电子游戏的体育过程。

电子竞技体育具有竞技性的价值取向，增强了体育的观赏性和人自身生命极限的挑战性，人们不能简单地将电子游戏和电子竞技教育等同起来。

（二）电子竞技与数字体育

电子竞技是按照体育实体的方式进行竞技，不是简单的逻辑叠加，电子竞技在目前阶段中兼具数字产业和游戏载体比赛的竞技向度。体育本质属性要求电子竞技的体育"应为"和非体育"不为"，并不是简单地将体育项目数字化和虚拟化，以及电子游戏竞技化、体育化，而是借助于鼠标、键盘、交互器械、智能终端，实现以虚拟电子体育的形式，传承体育精神，赋予身体体育健康内容，使参与者获得体感体验。由于电子竞技的入门门槛较低和极强的游戏沉浸性，使得电竞成为奥林匹克运动的新型体育项目，激发了健康的时代活力。

（三）电子竞技教育

电子竞技运动具有独特的技术性、竞技性、游戏性特征，因此，电子竞技教育需要在目标定位、价值实践、课程体察上冲破原有知识灌输的固化模式，在本体论、认识论的基础上，把价值论引入电子竞技教育领域，以培养创新性、应用型和技能型全面人才。电子竞技教育涉及各级学校教育和社会培训，综合电子竞技的发展思辨和争议界定，将游戏和体育思辨视角下电子竞技教育定义为：使受教育者兴发生命的价值意义，具备从事电子竞技事业和人类社会发展所需要的知识、技能、文化、体育、健康、道德等综合素质，并致力于培养电子竞技人才的全面发展的实践活动。

现阶段以电子游戏项目竞技和虚拟体育竞技为目的，在电子竞技教育规则和人才的培养输出过程中应该遵循的游戏之器的工具理性和技术之道的价值理性结合原则，以育人、化人为出发点，从体育游戏化的竞技价值、体育虚拟化训练的目的、体育数字化运维的方式等多个层面完成自由、平等、公正、健康，使其合乎电子竞技本性的电竞教育，寻求经济价值、体育本质、人的教育和道德教育的平衡，这需要审视规避电竞游戏项目风险，突破体育项目虚拟化本身的局限，丰富电竞教育形式，设置体育价值底线，加强体育价值理性规约等方面同时发力。

1. 电子竞技职业技能

电子竞技教育涉及电子竞技职业运动的技能、电子竞技运动的管理、电子竞技教育的认识。技能和管理属于电子竞技事实，电子竞技教育认识属于价值，两者辩证统一。培养电子竞技人才，既要改造主观世界，又要适应改造客观世界。电子竞技职业技能主要包括三个方面：一是电子竞技运动的技术特性、游戏特性、竞技特性，由此而产生的技术项目设计、游戏项目开发；二是电子竞技运动、体育适应、项目的运营与管理，以此产生的电子竞技赛事运营、体育游戏的开展；三是电子竞技"人"的存在教育和价值的实践，以此产生的电子竞技的劳动经济和育人教化功能。

2. 电子竞技"人"的全面发展

游戏是人的天性，在教育中要实现人的德、智、体、美、劳全面发展。电子竞技具有体育属性，身体大肌肉运动和体育技战术技巧相对分离，电子竞技教育需要借助器械和虚拟环境中介完成。在电子竞技教育人才培养中，注重培养的目的是通过电子竞技的实践去展现生命的意义，关注人的全面需要和发展。

电子竞技是信息技术、网络技术和物联设备的体育延伸，是虚实结合、生生不息的新业态，应用于教育，丰富了数字经济和体育竞技数字化的关系结构，因此，体育化教育形态和教育竞技意蕴发生了改变，不仅包含了用数字化游戏项目作为载体，以体育方式经营教育，而且确保了数字经济时代电竞教育的向"善"发展、向"生"发展。"人—机—社会"的体育交互方式也发生了转变，成为数字体育治理的主体对象软形态，需要加强对师生的道德判断和价值引导，降低对电子技术、人工智能设备的依赖程度，规制电竞教育形态治理的决策约定群体，在电竞课程和专业教育中，设计符合"道"的规范的体育价值取向，助力学生全面发展，实现德善育人之功能。

二、电子竞技教育政策演进

（一）政府支持

政府支持在产业体系发展的过程中占据重要地位，电子竞技产业和电子竞技教育同样不例外。政策的出台和制定、经济的投入、资源的倾斜都是社会对电子竞技认同的一种形式，电子竞技文化有其特殊的应用群体和未来价值。

电子竞技产业属于新一代信息技术绿色产业，在互联网的加持下，迅速展开。在城市发展定位、年轻人教育保护、地方经济贡献等方面，电子竞技产业发挥着举足轻重的作用。截至 2023 年，有 13 个省、直辖市出台了 145 项与电子竞技扶持相关的政策。无体育，不人生，体育是升华民族精神和促进文明进步的舞台，数字经济时代，电子竞技是体育数字化的重要形式，2003 年 11 月 18 日，国家体育总局正式批准将电子竞技列为第 99 个体育项目，2008 年改批为第 78 个体育项目[1]。2019 年，人社部新增电子竞技员、电子竞技运营师 2 个职业。同年，山东体育学院设立全国首家电子竞技运动与管理本科专业，与蓝海领航电子竞技企业合作，订单式培养高层次人才，后中国传媒大学、首都体育学院、广州体育学院、齐鲁工业大学等高校均实现本科生招生，目前受到由教育部、国家体育总局、工信部、新闻出版总署、文化和旅游部、广电总局等多个部门的协同监管。2023 年 9 月，国际奥委会成立电子竞技委员会，电子竞技成为雅加达、杭州、名古屋等亚运会项目。广泛的受众基础、电子竞技产业的经济繁荣都是对电子竞技的认可。

电子竞技教育的政策内容主要集中在电子竞技产业政策和教育领域两个方面。政策的干预和引导，能有效促进电子竞技产业和教育的优化以及良性发展，如国家旅游局 2002 年出台《关于加强网络文化市场管理的通知》、2004 年广电总局出台《关于禁止播出电脑网络游戏类节目的通知》，在电子竞技产业发展初期给电子竞技游戏和青少年进行网络游戏带来了约束[2]，2005 年 SKY 夺得 WCG 世界冠军，电子竞技事业影响初现端倪。中华全国体育总会于 2006 年出台《全

---

① 曲思奇. 不同干预方式对 MOBA 类电子游戏玩家生理机能和心境状态的影响［D］. 北京：首都体育学院，2022.
② 苏青. 长株潭地区普通高校学生电子竞技运动参与研究［D］. 吉首：吉首大学，2013.

国电子竞技竞赛管理办法》《全国电子竞技运动员积分制度实施办法》等政策措施[1]，2015 年国家体育总局出台《电子竞技赛事管理规定》，2016 年教育部出台《普通高等学校高等职业教育专业目录》增设"电子竞技运动与管理"专业[2]，归属体育类，2018 年电子竞技作为雅加达亚运会的表演项目，2023 年正式成为杭州亚运会的体育项目。各地政府都意识到电子竞技产业和电子竞技教育的重要性，各种支持、优化、扶持政策如雨后春笋般纷纷出台，例如《关于促进电竞产业发展的实施方案》《云南省"十四五"电子竞技产业发展规划》《深圳市关于支持电竞产业发展的若干措施》等。电子竞技政策方兴未艾，凸显了电子经济时代的拉动作用。电子竞技运动的兴盛繁荣，在不断优化和调节中，促进了电子竞技教育事业的发展。

（二）电子竞技联盟的作用

1. 企业联盟

电子竞技内容包罗万象，主要涉及产业、教育、科研三个板块。鉴于电子竞技在世界范围内都具有青年化、社交化、商业化的特点，因此电子竞技的负责和协管部门众多，均可以实现电竞事业的推动。而游戏、赛事、媒体、教育是电子竞技四个核心的关键板块，各种电子竞技联盟发挥着最直接、最基础、最有效的作用。通过主动施行和市场导向，建立起联盟，实现规则制定、白皮书发布、问题总结、价值引导等关键作用，而且企业具有雄厚的资本运作实力，便于电子竞技影响力的市场传播和教育推广，因此几乎各大电竞头部巨头都设有电竞教育模块。在各种技术、网络的引导下，如国内电子竞技运营头部企业腾讯、完美和网易等主导形成的企业联盟，在游戏研发、赛事资金支持、俱乐部和教育投入上，都扮演着重要的角色，不断地规范和约束电子竞技游戏市场的规则。作为市场经济资本运作方，企业具体施行电子竞技运动和教育的活动策划、用户管理、市场推广、渠道管理、媒体运维、数据分析、事件管理、社群管理等，为游戏生命力

---

[1] 刘星. 新时代我国电子竞技发展环境对盈利模式影响的研究［D］. 赣南：赣南师范大学，2020.

[2] 曲思奇. 不同干预方式对 MOBA 类电子游戏玩家生理机能和心境状态的影响［D］. 北京：首都体育学院，2022.

的延续和价值创造，提供拉新、留存、促活等广泛的社会服务。各种参与企业如巨人、盛大、哔哩哔哩、九城、搜狐等在不同层次、不同等级、不同区域的电子竞技企业生态版图中发挥着支撑作用。

2. 产教联盟

产教联盟是电子竞技产业和电子竞技教育的联合体，企业、院校、科研机构、行业工会、私募机构等都可以联合，如超竞高校电子竞技联盟就是由超竞集团联合 50 余家电子竞技团体形成的联盟，能够定期举办联赛、范式研讨、电竞教育培训、直接电竞项目队员面对面交流、设立产教基金、开放电竞实习岗位、提供全方位的电竞人才供给。教育为产业培养人才，产业为教育提供出路和资本，以及对口就业渠道，教育和产业共同联合制定电子竞技的发展方式，同时还可以促进电子竞技的高层次研究水平和实践应用能力的结合，减少人才培养中的资源浪费，实现从产业市场需求到学校能力培养的无缝链接。产教联盟，所学即所需，实践和教育同时进行，校内和校外双结合。产教联盟还可以成为双师型教师培训的基地，产教联盟共享专业资源，开展以人才、文化和教育为核心的多元化、长远性的利益共享。

3. 俱乐部联盟

电子竞技和体育项目的种类繁多，因此，不同的电子竞技俱乐部的游戏分部种类也非常广泛，不是每一家电子竞技俱乐部都拥有全分类的电子竞技项目，而且电子竞技俱乐部具有企业法人的特性，是团体的组织管理体系。电子竞技俱乐部的联盟，如 AEC 中国电子竞技俱乐部联盟，就可以为电子竞技赛事，电子竞技选手、电子竞技规则等的选拔和制定，提供统一的标准和相对成熟的参考，便于组织和协调电子竞技运营的良性发展。通过电子竞技俱乐部联盟，约束和规范电子竞技俱乐部的行为，共同完善和创造电子竞技俱乐部文化，产生出"1+1>2"的社会价值，为人类虚拟竞技方式的生活重塑，人们精神生活世界的平等、充实、愉悦，以及电子竞技生态的多元、创造，提供健康发展的合力。

（三）电子竞技传媒

电子竞技学术共同体和文化传播在电子竞技影响力的推广和认可中发挥着重要作用，电子竞技文化传播是社会认可和电子竞技教育长远发展的社会动力。

2003 年 4 月 4 日，中央电视台体育频道创办了《电子竞技世界》节目，该节目专注于电子竞技相关新闻资讯、电竞年度人物、赛事进行报道，及时宣传电子竞技产业最新动态和成果，在青少年中倡导健康积极的电子竞技方式，此后电子游戏竞技开始火爆起来。2005 年，电子竞技网络视频网站发展迅速，优酷、乐视、土豆网、斗鱼等播放平台相继提供了电竞直播、游戏教学等丰富的电子竞技数字化传播资源，形成"平台＋电竞＋传播"的文化模式。2008 年，以电竞选手世界冠军李晓峰为代表的 10 名电竞选手成为奥运火炬手。2019 年，腾讯电竞出品《竞然如此》综艺节目；中央电视台和腾讯电竞合作制作节目《电子竞技在中国》，共 6 季，它的播出，为电子竞技正向、正常传媒提供了广泛的受众基础。

在 2023 年杭州亚运会上，以"亚运就在眼前"为主题，搭建全媒体端的报道平台，数字火炬人的展现为电竞文化和电竞节目的传媒提供了视频可视化的冲击条件，有利于让电竞走向体育运动，走向生活。2023 年 3 月 31 日，中央广播电视总台、国家电子竞技发展研究院揭牌成立，倡导培养德、智、体、美、劳全面发展的电竞人才，将电子竞技与引导青少年健康向上发展结合起来，共建网络空间虚拟共同体。通过电竞连接中外、沟通人性、打通世界，标志着电子竞技成为引导新兴健康产业，开拓数字经济大潮，传播竞技体育文化的中坚力量。电子竞技文化传媒广泛传播，为电子竞技教育创造了积极、良好的文化环境。

三、电子竞技教育环境规则

（一）社会认知

社会对电子竞技的了解、熟悉、认同和接纳态度，对电子竞技的崛起、超越、责任担当和发展有引领效应，玩游戏与人才出路、打电竞和身体健康产生价值的意义联结。当电竞选手站在亚运会的领奖台上为国争光，当五星红旗升起的时候，电子竞技已然成为一种社会认可的体育荣誉活动。

电子竞技教育行业的关注需要投入更多的价值引导和奉献情怀，树立为国家而奋斗的目标勇气，超越文化娱乐的境界。从游戏背后的人性以及电子竞技的体育价值出发来考虑，电子竞技教育同样可以承载教育的成就属性和归属感，可以更好地实现人生的意义。

（二）人类美好生活的需求

希望和期待是人类不懈努力的方向，是获得美好生活的幸福依托。教育是培养人的实践活动，是一个对人的价值生成和人的角色赋予的过程，美好生活的知识源于教育的实践。电子竞技教育的价值尺度也是回归真实的生活，电子竞技教育渴望在游戏和竞技中构想可能的美好生活，赋予电子竞技教育的意志和行动方向，尊重人对自身的了解，电子竞技教育接近理想生活，也是一种永恒的价值观，好的生活与游戏之德分不开，人类好的生活就在于人性的舒展、人类主体性功能的发挥。电子竞技教育促成了游戏和竞技之间的和谐，使人获得更好的沉浸感和满足感，引导人们奔向美好的生活，帮助学生学会选择。电子竞技教育使人们在完成电子游戏和电子竞技的体验中获得智慧、品性和自然美好倾向，献身真实的体育情态，在电子竞技教育中不迷惘，获得幸福的准则和游戏的价值关怀。

（三）电竞资本

电子竞技产业可以带来丰厚的利润回报，激发人发展的无限潜力，2023 年，中国电竞行业收入达到 264 亿，注册电竞用户达 5 亿，电子竞技运营下的数字经济资本又可以反哺教育，促进人才的培养，实现许多青年人成才、成长、生活的梦想。电子竞技产业优势可以有效提升城市的名片效应，结合电子竞技与传统文化、游戏与数字经济、电竞资本国际化与产业正向价值，促进电竞技术的深度挖掘，解锁竞技的生命力内核。由电子竞技资本扩展和延伸的电竞数字经济市场圈，带来的网络电竞直播带货、游戏价值 IP、电竞影视节目等。电竞资本和人的兴趣结合起来，提升了资本市场的份额，更是通过粉丝与受众的相互交往，提升电子竞技整体的价值，加速高质量电子竞技资本的社会责任回归。

（四）电子体育与人的哲理

体育运动需要技巧，讲究力度、速度、美度、效度。电子竞技作为电子体育的特殊艺术形式，是虚拟网络世界竞技和真实身体对抗的虚实结合，是人的身体和精神境界自觉的体现，有助于人的完整性和完善。人的完整的存在也需要游戏的文化和体育的运动，培养德、智、体、美、劳全面发展的人就是电子竞技教育的旨向，蕴含着人的感性和理性的统一立场。马克思认为实际上有两种完全异质的人，一个是异化的人，一个是应然的人。因此，人的完整全面发展实际上是自然主义和人文主义范式的结合，完善电子竞技依靠的是人的属人性、为人性和育人性。游戏是一种独特的体育文化形态，在自由、自觉和放松身心的活动中，能够启发生命的原始动力，在现代泛功利化、网络沉迷化的漠视中，游戏能够以理性批判传统，以体育身，塑造健康的人本电子体育生命。

第二节　电子竞技教育的价值链

电子竞技教育具有社会性，影响着经济和青年一代的文化，在国内外受到重视。电子竞技教育以人为本，是人的教化，需要长线运维，持续关注、包容和投入。电子竞技教育以电子化的游戏为媒介，延伸为电竞规则、电竞管理和电竞荣誉，维护人在数字化时代的"虚拟＋真实"的生活运动权利，约束游戏参与者对身体不合理的体育、健康和生态改造。教育电子竞技"人"的"向善、向生、融体、育人"，是现阶段电子竞技教育的迫切要求。

一、国外电子竞技教育现状

从意大利航海家哥伦布发现新大陆，到互联网联通世界，借助于轮船、网络、飞船，人的视野和认知不断增长。计算机操作系统、移动技术、互联网技术首先在美欧国家兴起，并延伸到全世界，使世界成为一个地球村。早期流行的电子竞技项目基本是欧美国家开发的。国外电子竞技教育的现状与电子竞技产业的发展、经济的发达和社会文明程度有密切关系，运行比较好的主要有欧美国家和亚洲的韩国等区域。韩国的电子竞技发展势头迅猛，独树一帜，电子竞技教育正规化。韩国把游戏产业列为国家重点发展产业，将电子竞技的系列教育始终处于国家可掌控的范围之内。目前，韩国的电子竞技教育已经成为国家的核心主流文化之一。

在一些国家，电子竞技教育已经形成良性的循环生态，社会收益、电竞教育研究、电竞文化传播等领域的发展大多有强大的经济作为后盾。青少年从事电子竞技行业和电子竞技教育事业，主要是根据自身的喜好和兴趣来选择，家长对于电子竞技的态度也较为中和。政府在电子竞技教育中担任着规范的职责，而且倡导职业自由、电竞自由，采用立法的形式来规范电子竞技教育健康，规避负面价值效应，如德国以州为单位，实行电竞教育法律和财政支持，英国、澳大利亚、新加坡、韩国等国家通过电子竞技协会和先进技术企业为电竞教育提供财力和就业支持。韩国在文化立国过程中，还将电子竞技教育作为重中之重，受到韩国重大财团的鼎力扶持。

二、国内电子竞技教育现状

随着人们生活水平的不断提高和计算机网络技术的快速发展，我国电子竞技教育也随之发展。国内电子竞技产业最大的特点是民间组织发起，多部门协同管理。1998 年 7 月，王银雄成立中国星际争霸联盟 CSA 后，网吧开始流行起来，这为电子竞技教育提供了前瞻性的拓展基础。随着电脑硬件设备的技术升级和成本普及下降，智能设备移动化，进入千家万户。2016 年，国家开始规范电子竞技产业，基础通信网络和教育政策得以普及，电子竞技成为新的经济增长点。2016 年 9 月 6 日，教育部增补 13 个专业，包括电子竞技运动与管理，电子竞技教育由此繁荣起来。

据统计，目前国内已有 70 多家大中院校开设有电子竞技运动与管理专业，全国的电子竞技爱好者有 4 亿之多。电子竞技教育给相关电子经济产业带来了丰盈的人才供给，也成为城市发展过程中靓丽的名片。电子竞技教育对于城市转型升级、青年人文化和体育健康价值引导、促进电子游戏的和谐运营起到良好的带动和领头作用。

以电子竞技教育为核心的相关附属产业和电子竞技教育保障政策正不断优化，同时，企业还将传统优秀文化融入电子竞技教育中，促进了游戏和人的完善与完整，电子竞技教育演变为高素质人才培养、新型就业产业拉动、多元文化鼓励发展的百花齐放的景象，出现了如腾讯电竞、超竞教育等为特色的"产业＋教育"模式和高校电竞产学研一体的人才培养之路。

三、电子竞技教育长线运维

电子竞技教育的价值链条分为上游、中游和下游，有长线运维的特征，主要包括生源的来路、生源的培养、生源的就业和出路三个部分。

（一）教育上游

电子竞技教育价值链的上游部分主要是生源的来源，分为高水平职业选手的培养、业余选手的进阶和电竞教育生源三个模块。电子竞技运动的最佳年龄是16～23岁，16～18岁为青训时间过渡，电子竞技智力的发育要求从15岁开始。在教育的上游部分，还需要解决电子竞技项目游戏的来源，包括电竞开发设计的头部企业、游戏的制作厂商、游戏设计的文化植入等与配合教育的问题。

（二）教育中游

电子竞技教育价值链的中游部分主要是生源的培养，包括社会的培养、家庭的培养和学校的培养三个部分。培养内容为社会培训和实践、教学课程的设置、人才个人的成长以及生源的各方面能力的教育，同时还要结合电竞项目运动与运营、电竞媒体传播、电竞赛事的运营、电子竞技俱乐部和选手的建设，以及相关电竞内容的实践制作等方面服务于教育。

（三）教育下游

电子竞技教育价值链的下游部分主要是生源的就业和出路，也包括电子竞技"迷"的教育和消解工作。例如电竞媒体抖音、快手等相关电子媒体的拍摄制作传播岗位，电竞项目解说、直播服务岗位，以及社会需要的各行各业的电子竞技复合型人才，在此过程中，人才的培养要对应社会的需求，如电竞酒店、电竞旅游、电竞教育培训等应对价值选择的问题。

四、电子竞技教育属性延伸

（一）电竞管理

电子竞技是一项运动，从抽象的电子竞技劳动到电子竞技赛事的组织运营需要系统地管理。电子竞技教育作为一个实践生态，延伸到电子竞技的管理环节。电竞选手、电竞观众、电竞主体和电竞客体交互，增加了电竞职业岗位的需求，从电子竞技竞争意识到常态化的电子竞技休闲，具象化体育，常态化管理，实现有序的良性竞争，而且兼具体育的身体的对抗、心智的锻炼，电子竞技教育实际上就是人生命的竞技实践活动。从管理学的角度，在特定的网络电子环境下，系统地分析电子竞技管理者、参与者、游戏者的组织、控制、领导和相互影响环节，能够提升教育资源的分配效率，完善电子竞技育人的整体目标。

（二）电竞规则

规则的存在使电子竞技成为一种教育过程，能够让电子竞技教育涉及的元素有效运转起来。规则还具有一定的可预测功能，电竞规则能够使电子竞技的前进趋势得到社会的认同，从而推动电子竞技教育的发展。作为需要区分胜负的、有限的电子竞技游戏机制，电子竞技在有限的空间上构筑了时间的无限重复可能。

（三）电竞荣誉

荣誉的存在使电子竞技的价值需要得到社会的认同和评价。荣誉是社会教育中公共行为的价值判断，电子竞技作为体育的竞技属性和人的健康属性同等重要。电竞荣誉更多的是电子竞技教育的生命的状态，是对人的健康教育生命力的释放与升华和获得电子竞技身体对抗被承认的感受。电子竞技教育的荣誉是一种人之实现的永恒价值，是对电子竞技从业者尊严的承认，正如古希腊哲学家亚里士多德所说，"人们渴望荣誉，那是为了使自己相信自己的价值，自己的美德"[①]。电子竞技教育创造的荣誉无疑也是电子竞技生命力的象征。

---

① 约翰·赫伊津哈. 游戏的人：文化中游戏成分的研究［M］. 何道宽，译. 广州：花城出版社，2017：42.

第三节　电子竞技教育的组织架构

竞技、体育、规则、精神、人、自由是游戏哲学中关于电子竞技体育解释的本质元素，而技术化的游戏之器就是它的外在直接客体表现。从电竞网咖、培训机构、俱乐部青训、职业院校到高等院校的组织架构，电竞教育的覆盖面广泛，社会的各个层面都影响着电子竞技教育的进程。

一、网咖

网咖也称网吧、网络咖啡馆，是面向社会公众开放的上网场所。早期的电子竞技战队大多来源于不同的网吧，电子竞技选手的选拔也往往是由网吧来进行的。网吧是早期电子竞技教育的主要阵地，不过早期的网吧以盈利为目的，后来随着电脑家用的普及和电竞物质生产资料的丰富，网吧电子游戏竞技由兴盛走向衰落。

二、培训机构

电竞教育培训机构相对比较灵活，见效快，周期短，不需要太大的场地空间，并且学习和教育培训时间相对灵活，涵盖不同年龄段、不同层次的对象的培训过程，可以为电竞学者量身打造相应培训课程，进行短期学习提升，或者进行电竞游戏速成的能力答疑，一般培训费用比较昂贵。电竞培训机构还可以作为电竞爱好者业余提升段位、交流切磋、鉴别培养天赋、消解学业压力、进行心理辅导的平台，有些电竞培训机构还有电竞劝退的功能，通过邀请真正的电竞高手，模拟电子竞技实战，从而区分电游和电竞，让更多的青年人了解电子竞技，起到宣传推广电竞的效用。

三、俱乐部青训队

电子竞技俱乐部青训队是电子竞技俱乐部选拔后备人才和青训队员的重要途径。由于电子竞技教育的职业特点，因此并不是每一个有天赋的学生都能够接受到高等的电子竞技教育，而且有很多青年人喜欢进入职业电子竞技俱乐部战队，在青训队中，可以实现电子竞技选手后备人才的选秀、测试和筛查，提供更多的电子竞技人才挖掘的机会。在附属青训队中，可以培养一脉相承的团队信仰理念，以老带新，形成头雁效应，形成有效的团队归属感，同时最高效率地利用团队的整体资源。各种途径的青训，可以为电子竞技运动员的发掘提供保障。在天梯赛或排位赛中达到一定的级别，就可以直接发送简历到电子竞技俱乐部，进行能力测试，参加各种级别的电子竞技联赛，获得名次，也可以获得电子竞技俱乐部和电子竞技星探的关注。

四、职业院校

高等职业院校的电子竞技运动与管理专业作为电子竞技技能人才培养的生力军，是职业战队俱乐部的重要支撑。产教融合，校企合作，培养高素质更全面的电子竞技劳动者。电子竞技选手、电子竞技教练和技能型人才，为电子竞技产业和社会发展服务。国家体育总局"十四五"规划中明确提出要接纳电子竞技教育为新的教育业态，与之相关的电子竞技运动员、电子竞技裁判师、电子竞技数据分析师、电子竞技解说员都成为职业院校重点培养职业方向。懂电竞、会电竞、有技能、有素养、有文化，职业院校的电子竞技教育符合市场的价值需求，而且为本科院校提供晋升人才基础，提供了电子竞技教育的实践机会。

五、高等院校

高等院校的电子竞技运动与管理专业，致力于培养创新人才、高素质人才以及产学研一体的复合型人才，引导电子竞技教育的研究方向。高校将传统文化元素和其他学科的优势融入电子竞技教育和产业中，从而提升电子竞技选手以及电子竞技青训人才的培养上升空间和创新能力，可以综合利用高校各种优势资源为电子竞技服务。电子竞技高等教育开辟了一条由电子竞技游戏向电子竞技职业、专业转变的新道路，不仅为社会培养了电子竞技的优秀师资，也为大学生电子竞技游戏价值观引导和电子竞技教育谋生手段，提供了丰富的选择途径。

第四节　电子竞技教育的价值观

电子竞技教育的价值取向表现为有教无类、准入机制简洁、就业导向明确，以及促进人的全面发展与自由的特点，实现了人性自由的游戏教化，具有文化向度、教育向度、体育向度，走向电竞的生活世界，为大众所熟知。电子竞技教育的发展受到社会环境舆论的褒贬、自然规则适应的契合以及"道"的指引的外化教育政策的影响，在从精英化、职业化的电子竞技体育运动项目到普世化、大众化的电子竞技教育的转变中。它不断被拓展创造，被人们所接受，形成完备的电子竞技产业链条，完成电子竞技人才的来路和出路，尤其是重点培养电子竞技教育青年人的价值观核心素养，优化的电子竞技教育组织体系架构，以及被接受认可和可持续发展、挖掘存在的电子竞技教育的价值实现，是电子竞技教育良性发展的关键。

一、电子竞技教育价值取向

（一）价值取向的内涵

马克思指出，价值"从人们对待满足他们需要的外界物的关系中产生"[①]，价值是器物对人有用或使人愉快的属性，是主体和客体交互的效应关系。教育是培养人的实践活动，教育的价值就是在满足受教育对象客体和教育主体知识教学、技能培养、道德育化和情感影响等方面的关系中产生的。作为价值客体的电子竞技教育，在时代技术媒体、游戏自然规则和体育精神的支持下，通过人的教育和教学实践活动，满足作为价值主体的受教育者的电子竞技等领域就业、生命意义的探索与人之为人全面价值实现的需求，这就是电子竞技教育的价值取向。

（二）价值取向形态

电子竞技具有体育属性，是以教育的形态遵循身体大肌肉运动和体育技战术技巧相对分离，需要借助器械和虚拟环境中介完成。电子竞技是信息技术、网络技

---

① 熊秋红.刑事辩护论［M］.北京：法律出版社，1998.

术和物联设备的体育延伸，是虚实结合，生生不息的新业态，应用于教育，丰富了数字经济和体育竞技数字化的关系结构，因而教育价值取向形态选择的教化意蕴发生了改变，不仅包含了用数字化游戏项目作为载体，以体育方式经营教育，而且为确保数字经济时代电竞教育的向"善"发展、向"生"发展，"人—机—社会"的体育交互方式也发生了转变，成为价值取向主体对象主要考虑的"软"形态。

社会需要加强师生的价值道德判断、工具价值引导、技术价值辨析，降低对物化智能设备的依赖程度，规制电竞教育形态治理的决策约定群体，在电竞课程和专业教育中设计符合道德规范的体育价值取向，助力学生全面、自由地成长、生活、发展，实现体育的德善育人之行。在教育形态视角下，将电子竞技价值取向延伸为身体的工具价值，发挥电子竞技体育人性自然生长的优势，以人为本、融体发展。将体育价值追求融入时代技术手段，使电子竞技参与者、教育者和运动者遵循人的自由、全面发展，实现电子竞技道德等的人才培养和电竞教育治理和谐的各种效应形态统一。

（三）价值取向实践

1. 有教无类——理性的自由

游戏是目前电子竞技项目的有效载体，电子竞技和电子游戏有本质的区别，但在电子竞技中会不可避免地接触到游戏，而很多同学也是基于对游戏的喜爱才选择电子竞技运动专业，在空余时间，电子竞技游戏也是喜闻乐见的消遣方式。因此，电子竞技教育的选择，人人都可以施教，而不是唯智商、唯分数，或者唯游戏能力，只要是电子竞技爱好的青年一代都可以成为施教的对象。施教的关键在于怎样引导电子竞技教育的价值取向，权衡电子游戏项目和电子竞技之间的协同关系，消解社会、人群、家长对于电子竞技教育及电子竞技就业的误解。游戏可以释放人的天性，电子游戏竞技融入体育的精神，更是对电子游戏文化的升华，学生有教无类。

2. 就业导向——个性的自由

电子竞技教育以人才的就业满足为导向，释放电子竞技的个性自由，尊重学生的能力发展和潜力挖掘，根据学生对电子竞技的爱好和兴趣，发挥其就业想法，有意识、有计划地改善考核的方法和增加创新就业的孵化措施，坚守文明游戏、适度个性的特征。人才不是一架只能学会机械记忆、应用和服从的机器，而是可以发挥自己的个性，按照自己内在的力量去成长。因材施教，因人的潜力施教，可以提高人的创造性。

3. 人的生命意义的实现——全面的发展

游戏与严肃是相伴相生的，游戏教化的功能更易于对人的生命意义的展开，在舒适惬意的环境中放松自己、放空心灵。游戏的自由意志在全面的理性渗透下，规范了人的生命法则，以可操作、可沉浸、可文化的核心价值，呈现人对界限的空间感知，并体现生命存在。体育使电子竞技破除了约束，感受到了自由释放了游戏冲动的本质。教育因为有了人，才成为教育，教育不能仅仅是知识传授的工具，更应该是人全面发展的全方位服务。工具善用教育，以运动的方式完善人，以游戏的方式提高人，以竞技的方式健全人的体格、心格、品格，按照美的规律来造就人。

二、电子竞技教育内在价值

（一）人的游戏自由

游戏是人的冲动性的自由，是一种自然美的鉴赏，古希腊哲学家柏拉图称之为"生灵游戏"，电子竞技教育的内在价值就是促进人的游戏自由的生成和人的本性意义的发生。人有选择游戏的权利，也有获得游戏荣誉享受的需要。在互联网时代，游戏能够使人产生普遍的、有效的个体愉悦和个体感受。人的存在是一种先验的主体的意识，人的本性就是身体和精神的自由。合乎电子竞技教育价值尺度的外在游戏刺激和实践沉浸，反思人的游戏性的判断和艺术鉴赏，实现人的自由和游戏的必然的统一。游戏是理性自由的表征，美和舒展是电子竞技的成熟状态。

（二）人的全面发展

电子竞技教育的内在价值的实质就是作为电子竞技教育主体的人，在电子竞技活动实践中形成的对价值追求的自我自觉意识觉醒，以人的内在尺度衡量游戏，理顺电竞的工具理性，跳出游戏器化的奴役，关注人合理全面的发展，即智力、体力、思想力、情感力、交往力等多个方面，实现全面自由和谐充分的人性舒展。电子竞技教育价值的本质意义就在于促进人的发展，以及发展电子竞技的内在价值。电子竞技是人类游戏化发展的本质力量所在，它代表了数字化、虚拟化的现代生活中的生存和交往方式，影响着人的生存状态，从而构建生命的实现意义。

（三）人的善的考察

游戏和电子竞技虽然通过娱乐和竞技的方式展现其内在价值，但是评价尺度是人的主体性，人性是善的，电子竞技教育的价值指向也是人性的善。通过电子竞技的信仰和实践行动，将电子竞技运动中的智力、力量、速度、心力的属性进行考察，展示善的本性，从沉浸到慎独，涵养游戏中的善，体验电子竞技的本体之乐、性情之乐，进而实现内外合一，内外化一，实现电子竞技心灵的认知、浸润和超越，回归人的善的本质考察，乐在其中，始有可为。竞技教育的目的旨在人性善的考察，在能够成为游戏的人的动态变化中，发挥人主观能动的自由选择权利，挖掘并实现的善的潜能，促进电子教育行业的良性健康向上的发展。在电子化的游戏和竞技当中善为，积善行之，习以为常。

三、电子竞技教育外在价值

（一）电竞文化向度

1. 综艺节目

电子竞技教育的综艺节目传播价值向度分为两种形式：一种是电竞传媒的娱乐节目，如电影《头号玩家》《电竞高校》等；另一种是电竞实训的话题节目，如《战至巅峰》《竞然如此》《独树E帜》《新竞界》等，突出电子游戏的娱乐功能和电子竞技文化的导向功能，将传统体育项目和新兴电子竞技项目放到一起进行比较，在动静结合之间，在虚实融创之间，发挥着永不言败的体育精神，用喜闻乐见和通俗易懂的语言，满足电竞教育社会化、大众化的观众需求，从而打破电子竞技的误解，感受电子竞技教育的魅力。

2. 国风电竞

电竞教育的娱乐功能与国风电竞相结合，通过引入传统文化教育，利用顶流项目来宣传教育和科普电竞文化形式，如《电子竞技在中国》《沙场秋点兵》等，让电子竞技的选手、俱乐部环境和文化汇聚更多的中国元素，这种短、平、快的微电竞，开创了电竞传媒的新模式。以电竞主题秀为主的电竞角色扮演，也渗透和带动着年轻人国风电竞的价值观，而不仅仅是一种奇装异服的角色扮演，更多的是利用文化元素进行包装和价值植入。还可以将电子竞技的表演和艺术体育等元素结合起来，丰富电子竞技艺术形式、提升科技含量，如模拟驾驶、3D 电竞。发展国风电竞，我们要将电竞对体育文化的传承和游戏体验酣畅淋漓地结合起来，创新电子竞技表演的新形式。

3. 电竞游学

电竞游学是对青少年开展全方位的电竞认识体育教育，使其感受电子竞技的魅力，获得竞技联盟文化教育的熏陶。通过电竞游学，人们可以体验高科技的电竞氛围和玩家对抗愉悦的快乐，感受电竞的异乡人情，国风文化，增强不同电子竞技项目的主观感受，充分利用寒暑假等节假日实现电竞活力的真实运作，走出电竞游戏沉迷的圈子，拓宽视野，游学博闻，将行走的课堂融入电子竞技教育，还可以见证电竞博物馆、AI 电竞人的诞生，为电子竞技世界观的形成提供具象化、形象化、感知化的丰富多彩的电竞资源。

（二）电竞 IP 向度

1. 电竞旅游

电竞文旅结合，推出电竞云参观，旨在打造电竞旅游的新业态，是电子竞技教育服务的融合方式。电竞不再是单一的体育运动项目，也具有多元化旅游的魅力和活力，可以吸引和盘活各种电子竞技世界，集休闲、购物、文化熏陶，聚焦电子竞技市场领域，促进智能体育健康电竞。电竞旅游以主体式研学方式丰富训练体验，扩展电竞休闲欣赏的维度。通过"文旅 +""文娱 +"的模式，赋予电子竞技发展的无限空间，在电子竞技信息推送服务、内容创作生产、创意设计服务、文化娱乐休闲服务上开疆拓土，提升电子竞技教育的整体软实力，形成电子竞技的品牌。

2. 电竞全媒体

电竞全媒体的快速传播模式，促进了电子竞技教育的兴盛，抖音、快手、哔哩哔哩、斗鱼、腾讯等各种直播、转播和"互联网＋"媒体平台，以及赛事推广、俱乐部排名、电竞青训选秀排位，为电竞产业的推广带来了更多的产出。短视频社交媒体具有平台化、新颖性、即时性，其打赏模式、会员模式、虚拟道具模式提供了更多的电竞岗位需求。借助于互联网的硬件和软件，各种应用程序实现了电竞的媒体社交，提高了电竞的流量、电竞扩展度，刺激了网络直播电竞、电子竞技项目设计版权维护的不断升级，吸引了更多人关注电竞，也为从事电子竞技的爱好者提供了发展的广阔空间。2014 年，虎牙直播平台开始运营，以电子竞技内容和技术作为驱动力，以互联网和人气流为依托，实现了电竞全媒体深耕直播业态，在娱乐性、教育性以及传媒性上不断完善。随后，各种直播平台如龙珠直播、熊猫直播、浩方直播成为电竞教育宣传活跃的舞台，此起彼伏。

3. 电竞小镇

打造电竞基地和电竞小镇，为城乡服务，在电子竞技建筑设计、主场设计、景观设计等方面，融入现代元素，使其成为流量打卡地，同时注入和形成互相协同的电竞内循环、体现电竞特色。融合电子竞技产业园区使小镇形成教育比赛和游戏的完整产业链条，设置主题餐馆、电竞主题酒店、电竞虚幻游乐园，以标签化的形式打造城市电竞圈层，实现电竞接地气的乡村城镇振兴、康养度假、智慧科技共享的深度融合，打造"E 游小镇"——一个集电竞入驻、青春向上、体育满满的集约化顶流电竞小镇特色。

（三）电竞体育向度

体育是身体化、体力消耗的运动，强调技巧、对抗、取胜和竞赛规则。电子竞技具有体育的属性是因为竞技的元素，而游戏和数字化的竞技形式，承载了数字体育的新形式。从某种意义上说，电竞和棋牌类似，主要是智力的、身体表现的比拼。电子竞技的游戏化阶段是其体育属性的阶段化过渡，以人文主义的时代体育精神为宗旨的广义体育，显然包含电竞体育向度，电子的游戏表征遮蔽了体育的电子化运动。电子竞技具有体育作为一项赛事运动的所有属性，是电子化体育游戏的竞技，但是并非所有的游戏都可以作为体育化的电子竞技，而进行单一的竞速和竞时，对身体素质、技术化要求和比赛规则是一致的，如《英雄联盟》的体育赛事获得了巨大的成功。就体育的制度化和理性化而言，电子竞技是现代体育科技走向的文化替代向度，维持着特有的电子竞技的体育平等和公平，成为社会大众公认的体育形象。电子竞技体育向度实现了体育的专注力、身体控制力、耐力和团队战略的游戏竞技需求，在数字体育的动态开放中不断完善。

（四）电竞生活向度

1. 走向生活世界的电子竞技

体育对运动员的身体素质要求较高，是奥林匹克精神的寄托，而体育需要走进人的生活世界，才能获得普及，进而走向兴盛和繁荣。电子竞技的游戏载体和电子化的手段是走向生活向度的属性基础，以此延展到更加合理、科学、休闲、满足的实际生活方式。游戏竞技的内容是生活的，电子竞技的时间和空间是生活的，电子竞技的享受和使用是生活的。电子竞技的入门门槛低、体验感强、产业和教育链完备，能够帮助人们实现有趣的"身体运动"、丰富的"游戏生活化社交"、愉悦的"促进发展"以及呈现融入科技的"改善生活"样态。

2. 数字经济

电子竞技的生命力体现在对数字经济的发展推动上。未来世界是一个虚拟的、数字化的生活时空，我们的生活方式发生了科技化、信息化、网络化、数字化的转变。以电子竞技为中心的多元经济协同发展，呈现龙头企业带动电子竞技就业，数字盈利反哺社会，赛事附属产业完备，数字经济产业供应链、需求链和发展链突出，且属于新一代信息技术、绿色、朝阳产业，打造数字化体育社会的未来。电子竞技产业兼具数字化社会转型和体育未来发展双重属性内驱力要求，可以与教育、影视、技术设备的更新换代等各行各业的商业发展结合，建立品牌效应，驱动各种数字体验赛事，突破人类健康体验新经济形式，创造丰厚的价值，为数字竞技作出应有的贡献。

3. 城市名片

电子竞技可以赋予城市发展名片，如北京、上海、西安、成都、杭州、扬州、广州都有电竞的盛名，为城市产业布局和人民幸福生活的奔赴提供了年轻的生命活力注入，吸引青年人的选择和入驻，电子竞技实现了城市的扩容，有利于信息技术产业的集群，结合高校青年学生群体的融入，新兴产业的聚落布局，城市可以为电子经济发展提供最好的场地支持、人才支持和政策支持，以赛事传媒为主线，聚拢人气，盘活经济，提升城市的凝聚力，推动城市电竞产业的创新特色融合。

第三章 游戏之器：
电子竞技教育生长满足的哲学基础

游戏者是在遵循游戏内在结构中自为秩序与规则的前提下，通过游戏的行为呈现出游戏的本质。

—— 伽达默尔

游戏与严肃相对，它的产生既古老又普遍。人具有主体性，有人认为游戏是人的天性之一。游戏的发生、发展朝向了心理—教育、人类—文化和现象—阐释三个分类，游戏是朴素的艺术，游戏的器用价值指向人的自由与解放，人性的治愈与舒展满足人对于世界和生活的处世态度。根源于游戏之器的电子竞技教育，经历了游戏—电子的游戏—电子游戏竞技—电子竞技教育的形态变迁。当物质充盈和精力剩余，人便有了谋生之外的消遣与闲暇，满足了电子环境下人的生长需求。游戏即生长，游戏即教育的生活选择，因此纳入了自然健康与文化审美的范畴。

在"玩、争、赛、让"之中，游戏积淀着人对世界本质的认知和表达，游戏的器用价值指向人的活动意义、生命力的存在，在交往、释放、愉悦中理解生活、实现生活；游戏的器用价值克服人的片面与异化，在创新、真实、自由中想象与实践。席勒提到"只有当人充分是人的时候他才游戏，只有当人游戏的时候，他才完全是人"[1]。人是理性者，也是游戏者。电子竞技教育依托和延伸于游戏的存在，满足了人性的自然生长需求，而不囿于游戏的人性控制和自我束缚的自律中。电子竞技应用于教育有利于生命的解放和自由的教化，满足了人的时代境遇：人是游戏者。

---

[1] 弗里德里希·席勒.审美教育书简［M］.范大灿，译.北京：北京大学出版社，1985.

第一节　时代境遇：人是游戏者

游戏的发展与时代、人性、物质水平相关，受到人的感知和视野的影响。在剩余劳动力和剩余精力的作用下，游戏充分展示其观赏性、消遣性、学习性和交往性。人的生存状态是现实与抽象的生活逻辑，从物欲的追求到心灵的释空，人在反思游戏者身份中成为时代境遇的主体。人是游戏者，电子游戏竞技给人提供了自由的翅膀，使其任意翱翔。游戏给人一个完整的世界感，通过游戏，人与人相同，人与自己自洽。

一、游戏的观赏性

游戏是人生活的一个普遍活动，讲究技术之巧、艺术之真和精神之乐。从某种层次上说，人是理性的游戏者，游戏往往被赋予特定的有意义的功能。有的学者认为游戏是一种剩余生命力的发泄和愿望的满足，在游戏的过程中，个人的情感价值得到了满足。游戏具有观赏性，游戏的乐趣释放了紧张和压抑，使人获得了生活的体验。游戏很难被拒绝，这是不可思议的动物本能控制，但游戏本身是非理性的。游戏和元素是相对应的，游戏往往具有特定的社会功能和行为特质，很难确切地说明游戏的意义究竟是什么。人的交往和生活中无处不渗透着游戏的影子，这种游戏奇妙的能力使人在幻想、体验和仪式感中沉浸。纯粹的游戏使人产生心旷神怡、心领神会的幸福，人性的精神在纯粹的游戏中得到绽放，在人性基础上建立文明，包括一切生活都根植于原初的游戏土壤。赏心悦目的游戏，表达着本体的时代文明，游戏没有善恶，但人们在观赏和实践中得到审美的艺术和心理的生长满足。

二、消遣的本体性

在游戏中，人的行动和行为得到自由的发挥和自愿选择的创造。在很多时候，人们对于游戏的需要和喜爱都是迫切的和主动的，游戏迎合了人的这种本体性的消遣需要，随着时代的变迁，游戏的形式发生了变化，但是这种消遣历久弥新。特别是对于儿童而言，游戏满足了儿童欲望和需要的天性，生活中除了吃饭、睡觉，儿童好像其余的时间都在游戏玩耍，在这种松弛的氛围中获得幸福感，得到个人精神的消遣。

游戏消遣的本性有一定的时空封闭约束性，可以被重复、模仿、运动、变化、改变和分离。在游戏之初，并没有任何功利性，只不过这种游戏消遣的本性具有一定的、特殊的秩序，即消遣需要规则。游戏中的消遣伴随着输赢的荣誉体验，在失去与得到的欲望统辖中，获得快乐的感受。

三、游戏的学习力

游戏有着高效率的学习力，是心流产生体验的沉浸，生命和自然和谐搭配，是人经验获得的有效形式，提供了学习的动力状态。尽管游戏这个词使用频繁，但是对游戏含义的准确理解却包罗万象，游戏将自然与生活产生联系，将行为的意义、启示和经历渗透到其中，为了物质和观念而创造游戏，文化的理解力、逻辑的判断力、游戏的学习力在隐蔽的需要中不断被揭露，继而实现忘我的心境。游戏可以跨越文化的障碍、时空的限制，形成通用的学习力。游戏作为民族的语言并不相同，游戏却可以形成学习力的相通。游戏功能本身并不指向玩物丧志，取胜、竞争、笑容或许是游戏高效率自我学习的能量基础。游戏的形式和种类是社会文明的反映，社会生活的价值在游戏世界中得到了解释，特定的游戏学习力与生活演化，促进了人对客观不确定知识的模拟与探索，很多问题的答案在游戏的学习中得到解决。

四、游戏主体的交往性

游戏是作为单人主体参与进行的任务，但是不能孤立地单独进行，需要交往和交互。正义和邪恶、化身和团体、竞赛和表现、紧张和愉快、喜好和选择的出现为游戏主体的交往提供了生存的交互和可能，提供了对抗法则的约束基础，生成了游戏者单纯快乐的世界。游戏中往往演绎着生活文化，是想象世界的缩影，经常显化为一场扮演式的比赛、一段故事性的复盘、一场人生式的历练，真实的经历和对于需要的想象都可以变成游戏思想的自愈体验，进而满足游戏的仪式感，刷新存在感，是真实生活在游戏中的反映和影子。游戏涵盖了运动的交往，是身体力行的扮演或游戏人间。在文化和文明的传递过程中，游戏通过运动的交往实现了教化的功能，游戏综合了解谜的知识、勇气和探究方法的技能、生理的沉浸和道德的价值，提升了个人游戏生命的韧度，表现得越来越相融。

第二节　时空演进：电子游戏的文明

汉英语大字典中解释游戏是"文娱活动的一种"。德国哲学家康德认为游戏是"内在目的并因而自由的生命活动"[①]。游戏的进化形态具有器用工具的依赖性，在人类浩如烟海的活动中，游戏是一个特殊的存在世界，在主体的主动参与下，获得虚拟、真实、自由、平等的构想与实现。游戏以"争"为目标，在技术、道具和规则的物质约束下，通过活动与劳动的变化，实现着生命的意义和存在的价值。电子游戏是游戏的电子化形态，是对计算机等技术发展的展示、依赖和演化，对人类的视、听、触、感、悟觉的刺激更为直接和强烈。电子游戏拓展了游戏的技术外延，改善了人与游戏的交互"体"验，创造了更具规则和真实的虚拟情境，电子游戏渐渐形成了文明的现代社会时空流行。

一、电子游戏的发展沿革

（一）黑铁创世时代

1946年2月14日，在美国宾夕法尼亚大学，第一台通用计算机埃及阿克（ENIAC）被制造出来，和如今的计算机相比有云泥之别，这个庞然大物重达30吨。估计任谁也不会想到，在不到70年的发展后，如今一部小小的手机就可以超过30吨的算力，ENIAC开启了机器智能的黑铁创世时代。游戏也从早先的器用实体转入虚实结合的电子游戏时代。1958年，第一款电子游戏《双人网球》诞生。1966年，第一台商业游戏机"棕盒子"在美国生产，其设计者贝尔也被称为电子游戏之父。

人类的想象力是文明进步的动力，思想的结晶产出文学作品，文学作品的影响产生电影，电影的影响产生游戏和生活，生活又启发着人的想象与希望的向往。

---

① 陈法，任科，李华杰．游戏专业概论［M］．北京：兵器工业出版社，2007．

1962 年，在电影《透镜人》的影响下，拉塞尔以原始的打孔机和磁带作为交互设备，设计了《太空大战》电子游戏，虽然当时的技术还没有具备视觉表现和三维呈现能力，仅仅是图像的黑白变化，但是在电子世界，却将人类的想象延伸到太空。其中很多设计思想奠定了未来游戏行业行为发展的基础，如静态大场景的游戏背景的设计，有限资源——燃料和鱼雷的复用设计，资源争夺机制，空间的跳跃和闯关升级思想，展现了人突破自身，利用技术探索世界宇宙的梦想，促进了人类文明的进阶进程。

1969 年，美国硅谷开始成为世界科技中心。在那里，布什内尔联合游戏机生产商 Nutting Associates 生产了第一批电子游戏商业街机《电脑空间》，并在 1972 成立第一家电子游戏公司雅达利，其间开发了街机游戏《Pong》，开启了电子游戏利润获取、快速传播电子游戏文化的历史成就阶段。随后雅达利将《Pong》升格为《Home Pong》，开始以更加简单的方式和实用的功能走进千家万户，进而进入了一个崭新的电子游戏时代。在整个电子竞技黑铁创世时代，都伴随着技术的更新要求和变革升级，如 CPU—6507、雅利达 2600 的使用，就是相互成就的成功案例，后来的企业 Apple Ⅱ 和日本企业任天堂都开始使用这种技术，快速推进了世界范围内的电子游戏进程和电子产品的研发，可以说电子游戏满足了人的需要和发展，开启了人类高阶文明进程的多米诺骨牌。

1889 年 9 月 23 日，日本任天堂公司成立，开发了纸牌游戏《花札》，于 1977 年出品第一台任天堂游戏主机。1979 年，宫本茂制作《大金刚》街机电子游戏，其中很多技术成为这个时代的经典，如模拟的跳跃键使用、十字键手柄的嵌入。1983 年，任天堂出品科技感强的红白机，开启了日本电子游戏主导世界市场的时代，也带来了电子游戏规则的完善和软件、硬件的升级，促进了第三方游戏市场和电子游戏生态的广泛普及，索尼、微软等公司开始登场，收购并购、研发技术、思想扩张成为电子游戏飞速发展的三驾马车。

中国的电子游戏始于 1980 年 10 月 23 日"北京中关村第一人"陈春先的美国硅谷报告，并成立了中关村先进技术发展服务部。1991 年，小霸王电子工业公司成立，将游戏机定位为公司的发展方向，随后推出游戏化的学习机。但是相比于微软的 MSX 和操作系统优势，国产电子游戏的发展如同刚出生的婴儿才刚起步，对于电子游戏的质量、品牌和游戏玩家的心理研究成为当时的主要任务。烟山软件改版的经典《坦克大战》等一系列电子游戏曾火爆一时，但是这种电子游戏在获得短暂的辉煌后，就出现了困局，这就需要造就更多原创优秀的作品。智冠出品的电子游戏《金庸群侠传》，极具中国文化特色，是高质量的原创电子游戏作品，随后各种电子游戏产品如雨后春笋般发展起来。

（二）青铜发展时代

电子游戏和器用技术的发展是相辅相成的，个人计算机的进步和使用，通过诸如乔布斯和比尔·盖茨的努力，开启了人类计算机的青铜发展时代。1992年，中国联想提出家用计算机的概念范式，"电脑"进入人们视野，基于个人计算机的电子游戏迅速普及开来。由于不同地区玩家具有不同的电子游戏习惯和游戏文化背景，受到经济资本、游戏盈利和政策认知的影响，因此电子游戏的研发投入成本、宣发成本各不相同。

1993年，前导软件成立，开设、研发、支持和设计了中国第一批原创软件电子游戏，如《官渡》《荆州》等三国游戏，目标软件的《傲世三国》《秦殇》也出口海外，在真武世界和历史文化故事的结合中，融入中国文化五行元素、阴阳学说，游戏美术审美等均实现了高质量的制作。在此过程中出现了三款经典的 PC端游戏——《仙剑奇侠传》《轩辕剑》《剑侠情缘》。其中，《仙剑奇侠传》将中国武侠元素融入电子游戏中，游戏的故事背景国风优美，而且公司推出了仙剑奇侠传系列，游戏情感丰富多彩，人、仙、妖、魔、神、鬼六界设定圆满，表达着电子游戏世界独特的艺术和思想魅力，将电子游戏中的任务完成，勇斗恶魔，自我拯救，达成一种向善虚幻的真实，成就人的生活梦想和勇于战斗的勇气。中国电子游戏成为具有鲜明特色的东方文化代表的符号，《三国群英传》《齐天大圣》代表的四大名著系列，在金庸和古龙经典小说影响下产生的武侠电子游戏世界迅速铺展开来。

中国人口基数大，市场份额大，市场潜力足，电子竞技受众广泛，文化源远流长，受到国外游戏公司的青睐。国外游戏公司或与中国合资，或独立投资，促进了中国电子游戏发展的有效传播。从哥伦布发现新大陆到人类科技上天入海、环游星空，世界一体化进程、全球人类命运共同体进程加快。1996年，EA 设立中国办事处，出品电子竞技游戏项目《FIFA》等传世佳作，WESTWOOD 开发了

《沙丘魔堡》，法国育碧设立上海开发部，制作了《F1 赛车模拟》《唐老鸭》等，电子游戏青铜发展时代如璀璨星空。

（三）白银启航时代

全球一体互联网络的发展为电子游戏的交互注入了无限生机活力和广阔的视野，实现了不同人种的人类意义连接，有人称互联网是人类最伟大的发明之一，成就人类的认知。1969 年，《太空大战》诞生，这被认为是第一款网络游戏，标志着多使用者协同迷宫 MUD 时代开启。1996 年 1 月，中国网络游戏《侠客行》上线，开启了网络电子游戏的信息高速公路发展启航时代。随着计算机图形化技术的完善，各种精彩的游戏引擎不断进化。1999 年，《笑傲江湖》《鹿鼎记》《万王之王》等多款网络游戏开始流行，开启了互联网电子游戏的革命。新兴的网络互联媒体渗透到人们游戏生活的各个层面，对人们的电子游戏的方式、习惯和交流的手段产生了深层次的影响，并且电子游戏的产值迅速攀升。但是在此过程中，电子网络游戏还面临着游戏的污名和绿色健康发展的迫切需要解决的问题。

对于电子竞技传播有至关重要影响的是韩国电竞的崛起之路。1997 年亚洲金融危机后，韩国经济崩溃下滑，为了挽救经济的颓势，韩国看准电子竞技游戏的发展前途，发展电子游戏竞技，找到了成熟的电子游戏商业模式，开始全力发展、全方位打造网络电子游戏。从政策法律的制定、后备人才的培养到综合网络支援中心、电竞场馆和电竞文化的建设，依靠网络游戏的产值，韩国直接达到了经济的顶峰。1999 年，美国暴雪公司出品《星际争霸》，加速了韩国电子竞技市场的经济激活，也对世界电子竞技世界产生了不可磨灭的影响：一是提供了水平较高的韩国电竞选手；二是意识并实现了电子竞技可以为社会的发展获得快速的资本积累，满足人们的生活需求，网络游戏、电竞、动漫、影视以及相关服务产业成为韩国的发展计划和经济支柱来源。

1999 年，陈天桥创立盛大公司，开始致力于网络游戏的布局，《传奇》网络电子游戏取得了成功，达到游戏技术、竞争盈利、游戏管理的世界级规模，不仅盘活了中国的互联网事业，而且在网络游戏这条路上深耕电竞文化，久久为功。虽然《传奇》的游戏借鉴思路引人争议，但是游戏作为主体人的器用工具是大同小异，原理互通的，作为网络游戏世界里的《传奇》赢得了社会发展的认可，相继出品《龙与地下城》《梦幻国度》，进一步打造了盛大的网络游戏盒子。

（四）黄金未来时代

1997 年，丁磊注册网易公司，开启了中国网络游戏巨头的原创起步之路，也为中国电竞的崛起打下坚实的基础。在游戏"刚愎自用、意气用事"的舆论压力下，优秀的电竞企业家聚集爱好网络游戏的人才志士，借鉴 Q 版《石器时代》，先后制作了网络电子游戏《大话西游》《梦幻西游》《天下》，不仅涉及完整的独立美术资源，而且合理的技术规划和稳定的技术代码使网易电子游戏迅速风靡。在网络游戏的黄金时代，不得不提及暴雪公司的贡献，其出品的《魔兽世界》游戏在 2006—2012 年占有举足轻重的领航地位。2004 年 2 月 3 日，第九城市首先获得《魔兽世界》在中国的代理权，2009 年 4 月 5 日后易主网易。2005 年，《完美世界》正式上线，甚至出口日本成为国产游戏的典型代表。

1998 年 11 月 11 日，马化腾的腾讯公司正式成立，开启了电竞王国的新纪元。从 2003 年开始，腾讯公司代理了游戏《凯旋》；2004 年，开发网络游戏《QQ 堂》，在通信软件腾讯 QQ 获得巨大成功的基础上，满足了时空互联，加快了生活节奏，提高了生活、工作、交流的便利。腾讯游戏开始迅速布局和占领市场，先后推出三款重量级网络游戏《地下城与勇士》《英雄联盟》《穿越火线》，从而奠定了腾讯在网络游戏世界的霸主地位。2010 年发布的《英雄联盟》被称为有史以来最成功的电竞游戏之一，网络电子游戏开始向电子竞技转型，自 2012 年开始成为全世界范围内，市场上最受欢迎的电子竞技项目之一，既可以用于专业的体育比赛，又可以适应闲散时间的休闲电竞。《英雄联盟》取得成功的主要原因有：一是脱离国外《魔兽争霸》的影响，独立自主开发 MOBA 游戏框架，符合和迎合了大众的需求；二是降低网络电竞的玩家游戏入门门槛，改良了游戏的推广度和覆盖面，在增加层次级别电竞难度的基础上，更注重使玩家较容易参与和较快速推广，分成明显的娱乐休闲电竞和专业的竞技两个层次；三是拥有庞大的青年文化引导群体，抓住了流量的主体，以点到面，全面展开，将网络游戏转型入电子体育竞技游戏。历史的实践中，没有任何一项体育运动能像电子竞技一样，英雄联盟最高流量能同时在线 800 万人竞技角逐，日活跃玩家在 3000 万人以上，随后腾讯公司还推出了《剑灵》《绝地求生》等，口碑都不错。

黄金游戏时代还在于移动电竞的发展，即手机游戏的繁荣。智能手机的进步是人类智慧的延伸，在小小的器形下，集成了人类智慧之大成，成为人们生活和交往的依赖工具，诺基亚、摩托罗拉、三星、苹果到华为，从《俄罗斯方块》《贪吃蛇》《细胞分裂》《斗地主》《愤怒的小鸟》《部落冲突》到《红色警报》，极大地方便了人们闲散时间的体育休闲竞技，利用了碎片化的时间。2016 年 9 月 2 日，网易公司的《阴阳师》上线手机端，随后《梦幻西游》《大话西游》《倩女幽魂》都开发了手机端游戏。2011 年 1 月 21 日，微信手机软件上线，2015 年手游《王者荣耀》测试成功，随后职业电子竞技联赛推广开来，进入黄金的电子竞技时代。

最早的电子游戏用于休闲娱乐，根据体育的本质，电子游戏也可以作为竞技的器用工具，最简单的电子游戏竞技就是"我 A"和"我 B"时间竞速，或者是用作胜利的竞技比赛。早在 1972 年 11 月 19 日，斯坦福大学的学生们就利用电子游戏《太空大战》进行了竞技比赛，虽然说它不具备竞技的完整规则内容，但是作为电竞的雏形已经为未来世界的发展打开了一扇明亮的窗户。游戏竞技最常用的方式是在积分赛和排名赛中争第一、拿金牌、分奖金，电子竞技的繁荣和兴盛都源于电脑、手机等技术的发展。随着人们的认知、认可，出现了职业的电子竞技运动员和裁判员，电子竞技正式进入体育的序列，在游戏的吸引魅力、竞技的精神魅力和生活的艺术魅力中，实现了人的自由全面的发展。

1998 年 4 月，由奥美公司代理的电子竞技项目《星际争霸》进入中国。2000 年，易冉、马天元等人成立 AG 超玩会电竞俱乐部，在成都建立 VA 电竞馆，这是中国最早的电子竞技专用场馆。同年，电竞的比赛形式也由单一的日本格斗式单人对战，发展为多人的模式，电子竞技项目《反恐精英》就是其中的佼佼者。2002 年，电子竞技项目《魔兽争霸Ⅲ》问世，电竞的网络在线平台——浩方成为中国最大的在线电子竞技对战平台。2000 年 4 月 4 日，《电子竞技世界》电子竞技游戏节目登上央视的荧幕，国家体育总局正式将电子竞技列为第 99 个体育竞赛项目。2003 年，李晓峰获得世界级 WCG 的总冠军，其意义非凡，意味着电子竞技——电子体育从线下扩展到了线上平台，从而实现了世界范围内虚拟的互联和无线的体育延伸。2004 年 6 月 13 日，中国成立电子竞技国家队，《反恐精英》《星际争霸》《魔兽争霸》《FIFA》成为入选项目，电子竞技体育运动的规则更加完善，形成健康有序发展的良好生态，对青少年的引导和竞技对抗起到了积极的作用。2011 年，《英雄联盟》成为 WCG 的电子竞技比赛项目，《英雄联盟》职业体育赛事 S 系列和《DOTA2》的 T 系列，占据历史舞台，也取得了盈利的商业模式的电子竞技成功，S13 的总奖金就达 234 万美元，T19 的总奖金达到 1560 万美元。

　　随着规则的不断完善，电子竞技也达到了真实和虚拟情境中手眼协同、策略对抗、智力反应和心理韧性的"更快、更高、更强"的品质追求。未来，中国的电子竞技将沿着人的独立、技术的进步，游戏的体育化不断革新，在体育、生活、健康之中走向电竞的自由与幸福。

二、电子游戏的种类

（一）按技术平台分类

1. 街机游戏

街机是在街头等公共娱乐场所游戏的大型专用机器，街机游戏最早出现在美国的酒吧里。在街机平台上运行的游戏被称为街机游戏，一般由框体和机版两个部分组成。1972 年，美国雅达利公司设计出品世界上第一个街机游戏《Pong》，之后，街机游戏在 20 世纪 90 年代流行起来，如日本的《SPACE INVADERS》（宇宙侵略者），NAMCO 的《PAC-MAN》（吃豆人）也成为经典。1981 年，任天堂出品了《Donkey Kong》（大金刚），TAITO 出品了《Bubble Bobble》（泡泡龙）。1983 年，《Mario Bros》（马里奥兄弟）出现，风靡一时，时至今日，仍有很强的借鉴价值。同年，KONAMI 推出了一款电子体育竞技游戏《Hyper Olympic》（奥运会）。1987 年，各种格斗类射击类电竞项目开始成为主流，《Contra》（魂斗罗）和《Street Fighter》（街霸）等一大批经典的 STG 类电竞游戏出品，而《街头霸王》更是作为经典的电竞项目沿用至今，风光无限。至此，体育电竞形象家喻户晓，越来越深入人心。街机游戏后来普及到家庭游戏机使用，以电视交互为主，如1983 年任天堂出品的红白机，确立了电子游戏的市场项目标准，也促进了游戏巨头世嘉、微软和索尼的崛起，最终形成了微软的 XBOX、索尼的 PS 系列、任天堂的 Wii 系列，三足鼎立，《最终幻想》《生化危机》《勇者斗恶龙》等出品的游戏项目延续至今。

2. 计算机平台游戏

计算机可以说是 21 世纪最伟大的发明之一，是人智力的延伸，给人类带来了极大的便利和超强的计算能力。在计算机上运行的游戏被称为计算机平台游戏，目前可供计算机交互的是鼠标、键盘、手柄等外接设备。随着 20 世纪 90 年代中期的到来，计算机成本的降低、体型的减小和家庭购买力的提高，个人电脑快速普及，计算机平台游戏获得了良好的社会体验，如《星际争霸》《魔兽争霸》《红色警戒》，然而，受到互联网络普及的影响，主要是以单机电竞游戏项目为主，虽然也可以实现局域网的对战，但基本上属于客户端的伺服管理，服务器管理和云管理还没有形成有效规模。不论怎么样，计算机平台游戏自诞生起就受到世人的喜爱和关注，成为休闲交流和体育竞技的重要形式。

3. 网络游戏

网络游戏实现了资源的共享和虚拟空间网络的交流，传播了文明，延伸了人的媒体感官。网络游戏也称网游，是以云服务器、网页浏览器、网络数据传输、游戏客户端组成的休闲竞技平台游戏。网络游戏不仅是计算机智能、计算能力发挥的进步产物，更是竞技游戏文化传播、文明交流的有效手段，传播迅速，成本低廉，满足了人的自我性和交互性需求，还能够获得丰厚利润回报。网络游戏开发的种类丰富繁多，琳琅满目，如益智游戏《俄罗斯方块》、卡牌电竞《斗地主》、体育极限运动游戏《拳击之夜》等。《模拟城市》《仙剑奇侠传》《暗黑破坏神》《疯狂出租车》《原神》游戏等，一般采用竞速、回合制、故事化、英雄化等的规则运行，但是由于网络游戏是在数字环境下，存在许多不确定性的因素和人的行为的不可约束和控制，因此需要规范、公平、主观意志力的控制与判断，进行有效的网络化、数字化环境治理、管理，才能实现游戏运营的价值。

4. 虚拟现实游戏

虚拟现实技术是计算机技术的一种延伸，虚拟游戏有 AR、VR、MR 等多种形式，通过头盔显示器、体感传感器、位置差补器等多样的计算机交互媒体，获得人体沉浸的视听觉和触觉等感受的游戏。虚拟现实游戏是对现实的模拟、仿真、升华和抽象，是对人的意识认识与身体的精神分离的技术表现，如《黑客帝国》《阿凡达》中呈现的虚拟电脑人，构成了虚拟世界的生活意识基础，身临其境、逼真动态。从 MUD、2D 游戏、3D 游戏到虚拟游戏，虚拟现实游戏不仅节约了成本，还解放了人体具身的束缚，获得了最大限度的真实和虚幻的感受结合，跨越时空获得沉浸式体验，构成了未来游戏的发展方向。

5. 手机游戏

手机的发明和使用，不仅是人类智慧的浓缩结晶，而且体积小巧，功能多样，物联网络创造无限可能的特征，体现了工匠精神和技艺的进步。手机游戏被称为移动电竞、移动智能终端游戏，是建立在手机硬件和手机运行代码基础上，也是人的游戏智慧的体现。主机游戏随着手机的功能形态、设计语言和运算智能能力的演进而不断变化，结合互联网络、物联网络，实现了人的娱乐性、创造性和交互性的统一。各种手游使用操作方便，入门门槛低，人们可以随时随地使用，主体性灵活，能充分利用好碎片化时间，媒体视听觉冲击力强，携带方便，手机硬件成本低，且具有不同级别的功能分类，在一段时间内具有旺盛的生命力。

（二）按游戏内容分类

1. 即时战略游戏

即时战略游戏也被称为 RTS 游戏，是实时的玩家对战游戏，讲究平等资源的调度使用策略，在有限时间内，布局战略战术，控制单位，此消彼长，战术组合。玩家需要不计一城一地的得失，以赢得最后的胜利，考验玩家和竞技者的宏观统筹把握能力和微观操作、肌肉记忆以及掌握和控制能力的反应对抗。《沙丘魔堡》《魔兽争霸》《红色警戒》《帝国时代》《星际争霸》都是非常经典的即时战略游戏。在电子游戏竞技的早期，即时战略游戏不仅促进了电子竞技游戏平衡性、多角色文化的开发，而且促进了互联网的时代的交流，不过此类游戏对于玩家的整体操控能力和战术大局的运用能力要求极高，耗费玩家大量的脑力思维和身体操作，因此易产生疲劳。

2. 角色扮演游戏

人在社会和自然的环境中扮演着不同的角色，角色扮演游戏也被称为 RPG 游戏、故事情节、角色扮演、个人体验是游戏沉浸性的要素。角色扮演游戏以最经济的代价实现了人生的复盘和成长的模拟，满足了游戏者的英雄梦和扮演欲望，如化身各种英雄战斗的任务、角色成长游戏《暗黑破坏神》《圣剑传说》；扮演不同战斗系统，使用各种科技手段，接触复杂游戏系统的《激战》《天际》《上古卷轴》

等。一般来说，角色扮演游戏可以分为角色换位成长型、策略模拟任务型、实演角色乱斗型、恋爱人生解谜型等。

3. 动作格斗游戏

动作格斗类游戏也被称为 ACT 游戏，是最基本的游戏种类之一，人们通过计算机键盘、手柄或鼠标与电脑进行身体交互，进而满足"争斗"的需要。动作格斗游戏需要通过动作的方式实现，如跑动、移动、跳跃、点击、攻击、防守、躲闪、逃跑、飞行，来达到一种游戏交互的需要和游戏肌肉体验感的沉浸，也是现实中对人的思想、行为的体现，可以减少身体受伤的成本，最大程度地发挥欲望的实现。动作格斗游戏能够瞬时变换复杂的场景，通过动作的熟练，创造动作的技巧性练习，完成打斗的胜利，往往以过关为游戏规则，如《街霸》《魂斗罗》《战神》《拳皇》《明星大乱斗》都是广受欢迎的动作格斗类游戏。

4. 战争射击游戏

人类的进步史是战争的血泪史，人与自然抗争，人与社会抗争，人与环境抗争，人与人抗争，自己与自己斗争。战争和射击类的游戏，也被称为 FPS 游戏。游戏对人的模拟是最接近真实的，而且节约了成本，减少了受到的实体伤害，玩家可以以第一视角或者第三视角进行游戏，极大地增强了身临其境的视觉冲击效果以及游戏的主动性体验和真实感带来的快乐，不仅可以在枪炮声音和快节奏的战争紧张中兴奋、冲动、激烈对抗，而且可以熟悉各类武器、兵种、综合战术布局，提高了战争意识和素养。《反恐精英》已经成为经典的电子竞技主流项目之一，《决胜巅峰》成为首个入选 2024 沙特电竞世界杯的项目，奖金额高达 300 万美元。

5. 冒险模拟游戏

冒险精神、探索未知、面对不确定世界及对生活的再创造精神是电子竞技游戏设计的重要思想源泉之一。冒险模拟游戏也被称为 AVG 游戏，是在特定情节、规则和创造背景下的故事人生模拟，在悬疑、紧张、不确定、未知的解谜和揭秘过程中，利用道具、操作装备、制造工具，积累资源完成任务，如《荒岛余生》《古墓丽影》《生化危机》等。冒险模拟游戏不仅画面精美，任务充满吸引力，而且在寻宝、探险、死亡中生存，活下去，揭示了生存的法则，锻炼了生存的技能，提高了生存的心理韧性。

6. 体育运动游戏

体育是特殊的运动和劳动形式，涵盖的项目种类繁多，有着竞技模拟和体育精神追求的无限潜力，也是身体运动健康，生命力彰显的有效形式，表达着人类对于身体掌握、极限挑战和健康生活的诉求，基于人类身体本体的体育项目实现了状态的延伸和情绪的表达。电子体育项目数量众多，以人类身体的自身力量、速度、生理为动力，将人体的操作和形态模拟转化为鼠标、键盘等电脑数据操作和运动角色的塑造，身体和思维的电子交互运动，实现电子体育项目的仿真、模拟、游戏和竞技，如篮球，足球，排球延展代表的游戏有 FIFA 系列、实况系列、NBA2K 系列等，在电子体育的相对公平和对抗中实现了对人体极限思维的追求，也是心理和生理技能的较量。

7. 其他类型游戏

除了以上提到的六种游戏分类，其他游戏的种类繁多，如竞速类的游戏《极品飞车》，音乐类的游戏《劲舞革命》，塔防类的游戏《植物大战僵尸》，纸牌类、卡牌类的游戏《斗地主》，以及 MOBA 类游戏《王者荣耀》等。

三、电子游戏的市场

电子游戏的过程和有序发展往往伴随着技术、人性、资本的融合交织，电子游戏一方面实现了娱乐盈利功能，另一方面也是对人类不确定、未知状态的模拟与创造构想的体验。据统计，2023 年中国电子游戏市场实现了 3000 亿元的盈利收入，实现了市场资本的持续增长，电子游戏的用户规模接近 7 亿，不断地刷新和创造着历史新高点，推动了电子游戏市场的软件、硬件的升级发展，实现了二次元电子游戏空间的提升。在未成年人网络电子游戏保护和网络暴力游戏元素抑制方面，企业不断实现电子游戏与电子竞技的生态平衡，受到社会的广泛关注和家长的逐渐认可。

四、电子游戏的过程

电子游戏的制作是推陈出新的过程，要时刻满足人们"喜新厌旧"、追求创新的体验爱好，在游戏同质化的背景下，电子游戏的过程要求更加苛刻和严格，既要实现一定的资本利润和经济价值，又要实现文化价值的传播，形成电子游戏生态。几个人"玩"电子游戏是一场竞技，而一大类人玩电子游戏就会成为一种社会的运动，这种运动在滚滚的社会洪流中促进了人类的进步。电子游戏的制作过程从设计、生产、出品、运营、生态到维护是一个复杂的、规范的程序，融入体育精神的电子竞技，更需要一种人与人、人与机器、人与游戏的竞技平衡，在电子游戏的虚拟中实现和满足人的幻想，憧憬未来，用人类的智慧和科技的结晶，将电子游戏的艺术和愉悦，实现人的天性的良性，有序，相辅相成的发展，将人类带入精彩而神秘的电子游戏世界。

第三节　游戏体育化：游戏价值的具身

游戏以人的身体具体感知沉浸为载体，激发体育化的潜力，在游戏机制法则的规范下，完成有限游戏的输赢竞技和无限游戏的休闲愉悦。面对游戏体验，我们需要体育化的健康基础，不在孤芳自赏的游戏中迷失，而在游戏价值的艺术中站起来，健康的生长。

一、游戏的身体能力

游戏可以减轻工作压力，放松心情，人们在玩电子游戏的过程中沉浸其中，感觉不到时间和空间的存在和流动。

电子游戏的竞技和对抗可以开发智力，激活懈怠的思维，提高反应敏捷力，增加队友间的交流和交互，以游戏会友，其乐无穷。特别是体会到胜利的喜悦，能够带给游戏者无尽的信心，从而在生活中实现个人目标的奋进。从电子游戏到电子竞技都是非常耗费体力、脑力的心神活动，更需要有健康体魄的身体素质支撑。电子游戏讲究多任务、批处理，可以锻炼人身体的综合协调能力，视觉、听觉、感觉、触觉等多个方面。在面对游戏失败时，还可以锤炼游戏者的心性，培养坚韧不拔的毅力，提高对生活的预期和不适应度的阈值，促进有效记忆力的提升，最终做出有利于社会发展、个人进步和生态游戏自然的行为的选择。

二、游戏的入门门槛

自主性劳动是游戏的设计和入门的世界规则。在开放的游戏世界中，人的年龄、性别、经济状况、社会地位、社会角色都没有要求，任何人都具有玩游戏的权利，这是游戏得以迅速普及的基础。在游戏中人们可以扮演不同的角色，实现不同的人生，体验不同的科技世界，拓宽自己的视野，缩短人类之间的距离，提升生活的质量，丰富生命的内涵，这与传统的竞技体育项目需要高素质的身体状态有很大的区别，也是电子游戏体育竞技受欢迎和易推广的原因之一。游戏项目的设计以人的原始生命状态的生活为模板，以接地气的操作方式和人对美好生活、超级能力、不确定世界的欲望探索为抓手，通过游戏世界得以实现，更是人对自身状态的了解和自身能力的挑战，同时寄托着人对未来世界的憧憬。

三、游戏的机制法则

游戏机制对公平、理性、构想的体现是游戏的制作完成者，实现游戏人生的设计关键，游戏兼顾游戏设计者设计理念的表达，但同时更多的是遵循不确定性的游戏发展机制，游戏结局是不可预测的，游戏过程不是机械地复制和数据遵循，这种游戏的机制满足了游戏人的需要，而不受任何设计者的控制。游戏的机制要解决三个最基本问题：为什么玩游戏？谁去玩游戏？如何玩游戏？

首先，游戏设计的受众，往往限定在某个年龄层次和性别比例中，每个人的人生阶段所需要的经验阅历和体验完全不同，游戏玩家级别分为专业级、业余级、比赛级和休闲级，其属性和功能都不一样。如何让玩家产生对游戏的好感、具有游戏韧性、坚持玩下去是需要解决的首要问题，也就是在游戏中获得快乐、持久吸引力和维持快乐持续进行的欲望。

其次，身体刺激，如何用控制状态和有限域技术交互，实现身体和人体的无限域的有效刺激，产生愉悦的心理感受和灵活的身体应对处理，维持游戏的平衡，同时嵌入有效的文化元素，价值元素和核心知识问题进阶的层次，使游戏公平，满足游戏的平衡，完成游戏参与者游戏心理方向的把握，维持心态防线，保护价值底线，避免陷入利益的纠缠和非理性的价值观的追求。要丰富游戏的类型，设置合理的游戏难度，将问题解决融入竞争和谐有序的游戏过程，实现爱、运动、创造、权利、资源、身体技能的有效植入和美化。

最后，注入鲜明的文化理念，提升画面的性能和美度感受。电子竞技是一种需求，满足了人的游戏天性的相辅相成，在游戏的竞争中产生进化、演变与和谐。游戏活动是人类古老的身体运动，是普遍的实践行为，与文化的文明进展程度有关系，是天性的表达、自然的选择，是人类野蛮与文明的表现之一[①]。游戏活动与劳动体育运动交织交融，从没有中断，游戏的现象发展成为专业的奥林匹克竞技运动，人对于运动的游戏有一种倾向的本能，生命是什么？生命就是时间里身体的游戏。游戏和体育都适于身体的本能，自然的天赋和运动的冲动表现，不仅得到了快乐，而且在追寻快乐的过程中实现了文明的进步，游戏在本质上是自由的文化，思想的解放，精神的愉悦状态。电子化的体育游戏机制、竞争模式改造了游戏的身体最大限度，发挥了人游戏的身体能力，使人不断在游戏中突破自我，创造真实世界的感悟。

四、无限的游戏与有限的游戏

詹姆斯·卡斯认为世界上的游戏分为两种，"一种是有限的游戏，另一种是无限的游戏"[②]。前者以求胜为目的，后者以延续为目的。有限和无限都指向人的生活，世界的空间和时间，以及游戏世界的虚拟与真实，在整个游戏过程中，时间是共用的，游戏的法则是客观的。有限游戏的原则，以输赢为目的，必须有一个明确的结局和结果——有人获胜。游戏双方各凭本事和手段，在公平的前提条件下达成了认可的规则，最后形成了输赢的状态。自愿的参与是游戏的原则，在有限游戏中，必须有一个旗鼓相当的对手或不可逾越的"假想敌人"，从而激活游戏的动力，在此过程中完成自愿组队，合理利用资源，以积极的心态参与游戏之中，沉浸于游戏之中。胜利的结果又指向下一个层次游戏的开始，逻辑循环演进，游戏文明发展。在无限的游戏中，游戏者通过游戏摆脱了自己的角色，进入了自由的、抽象的游戏世界。在此过程中，与虚拟的他人产生联系与交互，在游戏的变化和训练中导向游戏人生的自我定义和沉浸满足。

思想的欢笑源于行为的乐趣，在游戏世界中去尝试启动一件我们无法触及，

---

① 朱杰，袁野. 从游戏到体育［J］. 山东体育学院学报，2016，32（6）：12-16.
② 宋雄. 价值法则［M］. 北京：中华工商联合出版社，2022：9.

但又渴望得到的事情是欲望的驱使。一个人无法成就游戏，人在群体中体悟自觉，游戏的社会也充斥着权力、阶层、资源、利益的表达，而游戏文化本身就是一种创造，所有参与游戏的人实现了永远的可能性，生命在游戏空间中延伸，自己成为游戏的主角，充分体验到自我的存在。人类由于社会的原因而去努力控制自然，而在努力游戏中成为游戏的部分，游戏者以他人为目标，而自己又同时成为他人的目标，所有力量的实践是人类自身最终汇聚的结果，都指向人的生命意义的完成。人的游戏潜力是无限的，我们迫切需要一个游戏观的视角和价值转换，不以有限竞争的游戏为目的，不以无限的游戏为复制，而是在包容、和谐中，实现游戏的过程。在此过程中，成为人自己，成就人自身，每个人都是游戏的天才化身。

第四节　游戏竞技化：体育价值的竞技

游戏竞技化要培养体育精神，挖掘体育价值，注重实用主义和以人为本，提升综合电子竞技素养。电子竞技运动是身体和智力的竞技化运动，讲究策略的比拼、战术的运用和身体、意识操作的快乐，可以实现真实世界无法体验的英雄梦、侠客情，作为一项竞技体育运动，时刻在传达和表现着体育精神。

一、电子竞技体育精神

（一）体育精神

体育精神是在体育项目和事业中，培养、养成、凝聚和体现出的一种和谐阳光、积极向上、永不言败、团结协作的态度观念和价值向度。生命贵在延续和超越，它是人类自我挑战，展现个人品质和责任的体现，促进社会公平、公正、进步的核心所在。拼搏精神、协作精神、自我超越精神、公平竞技精神等时刻展现着体育的风貌，激励人们努力追求更高、更快、更强，启迪着人对自身生命发展绵延、身体秘密探索、身体极限超越的渴望。体育精神以人的身体为基础，是人类的信念追求，在健康、团结、共荣的参与中，永不言弃、永不气馁，创造现代社会文明中人类的积极价值实现。

体育精神是人的智慧与毅力，身体极限满足与攀登，运动表现与职业道德的素养体现，它开放向上、坚韧不拔、全面发展。电子竞技作为一项体育项目，同样是体育精神的体现者。电子竞技体现的态度、价值和精神品质指向积极地向善、向生。电子竞技体育精神融合传统体育与现代电子竞技，是永不止步的技术学习和状态适应，同样需要有高强度的、健康的身体体魄和精神动力。在公平参赛、遵守电子竞技职业道德、合理管理游戏时间、利用游戏工具融入团体协作中，人们应该具备高度的集体荣誉感和社会责任归属感，真真正正成为一名电竞体育人，将电子竞技精神不断发扬光大。追求卓越，永不服输，挑战极限，赢得未来，当电子竞技选手站在领奖台上，同样为国争光，青春永不言弃，敢闯敢拼才是年轻一辈应该有的精气神。

（二）实用主义

什么样的体育游戏才具有意义，才是实用的？从实用主义角度回答，游戏让人产生有用的价值就有意义。游戏本身可以具有意义，在符合逻辑选择、价值判断和行为控制的同时，实现了游戏的价值意义，实用主义的游戏意义，包括现实的意义和精神的意义。很多电竞爱好者对游戏的态度是热爱，但是为什么喜欢却说不清楚，游戏的精神意义不是逃离现实，隐藏和放纵自己，也不是游戏的无节制的自由，在时间和空间的操作中往复，而是兴趣和禀赋的意义引导，游戏活动是一种实用的精神实践，游戏精神是人的本质的意识状态。游戏态的生活，实际上是人经验的意义总结，游戏即生活，游戏即生长，游戏即真实，敞开了玩家在虚拟图像环境下真实生活转换的途径，提高了游戏竞技者的意识、动作、生活预判。游戏具有一定的现实可预见功能，游戏竞技者力求胜利，力求完美，力求自我角色的统一。实用主义的游戏是对生活的反应与反馈，直观感受游戏的影响魅力，探索人类生存情境的游戏边界。

（三）以人为本

回归游戏现实，对于体育本质的解读就是回归到游戏以人为本的发展原则，游戏的本质扎根于人的现实之中，在游戏与体育中寻求的共性就是人性，游戏电子竞技表现为人在形式上对游戏的需求，游戏的本质就是游戏运动作为现实的体育而存在的人的依据。因此，电子游戏竞技以人的身心、精神、潜力与审美属性养成为核心，以身体改造、互联网络、人机交互、社会关系为内涵延展，实现人的游戏化，在对抗、攻击、防守、躲避中实现人类的竞争本能。游戏的人重点关注人本身，是在探究一种游戏存在的生命方式。

游戏作为体育的有效形式，进入到人丰富多彩的生活实践中，成为人自身完善的途径，借助于计算机媒体工具的运动行为，实现对人存在价值的肯定。人的游戏侧重实践游戏与体育的本质面目，丰富了完整的生命价值的人性。人如何存在呢？运动使人变化，在运动中实现了生理机能和生命场的活跃，成为游戏的基础。人为什么要游戏呢？游戏可以让生命更丰富和完善。游戏产生了思想的活跃和身体的能动，让人的本性在积极进取中寻求竞争，进而在人的自我游戏中，思维意识上升为社会的游戏文化意识，渗透到生活中的各个角落。

（四）生命信仰

游戏的体育信仰是生命的完整，是磨砺坚韧不拔、吃苦耐劳、克服挫折、自我超越的品性。游戏不应该成为游戏开发设计者的玩具，过分追求迎合玩家的感受，而失去了对生命信仰极致的追求，制定固定的规则套路，把人装在规则的套子里。游戏的体验应该让游戏回归自然与生活，实现系统的自洽、自然的游戏法则和无穷无尽的不确定性。把游戏的时间还原到游戏单纯的空间流动，让游戏具身，自己把自己表达出来。从游戏的发展历史来看，没有任何一款游戏能够从游戏的开始延续至今，游戏的创造力，游戏的生命力和游戏的信仰就在于此，不断地推陈出新，充满旺盛的创造力。

二、电子竞技"侠"英雄的切磋

英雄是时代生活和游戏竞技的主角，每个人都是自己心中的英雄。英雄梦的实现、英雄感的体验是电子竞技游戏切磋重要的"侠"文化之一。不论是人族中的矮人英雄、精灵族中的上古巨神、兽族中的巫师祭祀，还是亡灵族中的妖王皇后，神话的超能力一直都是人类实现梦想不断进步的追求和动力，如在《DOTA》游戏中，就至少开发有104位英雄。在游戏的世界里，有强者也有弱者，但是生存的就是顽强的，每个人都有一技之长，没有人生输家，因为游戏的平衡属性和公平本质使得游戏的不确定性充满着未知，电子竞技没有遗憾，电子竞技的逆风翻盘、驰骋沙场是多少电竞人的英雄侠客梦。

冠军、金牌、爱国、保护、拯救、竞技较量、磨炼脑力、意志对抗是电子竞技中意志品质的体现，与英雄侠客梦的直观体现异曲同工。侠英雄的切磋，除了较技，更多的是展现侠义精神：一是增强游戏的使命感，道义感，见贤思齐，为民大者，舍生取义，在团队合作中去努力奉献，为了胜利和大义而不拘泥于小节，有自我牺牲奉献之精神；二是具备向善抑恶，惩恶扬善，济人困厄的帮扶精神；三是为人仗义，见义勇为，路见不平，鼎力相助的社会责任感。

在平凡的游戏中做一个平凡的人，但是要有侠客的梦，乐于助人，行侠仗义，侠的文化与扣人心弦、精彩无限、跌宕起伏、能力无限的电子游戏竞技不谋而合。不仅电子竞技项目的设计围绕侠的意境，《仙剑奇侠传》《古剑奇谭》《武林群侠传》等优秀作品脍炙人口的就是对"侠文化"的理解、嵌入、使用，传统遗留下来的就是经典的，经典游戏的核心就在于思想的提炼、实用、幻想和传承，仙侠类电子游戏竞技还承载了人类平凡之中出现伟大，由平民成长为英雄的现实励志主义写实表达，有助于玩家游戏品格的磨砺和心性养成，如《仙剑奇侠传》中的李逍遥从一个"呆瓜"成为蜀山仙剑派掌门，成为救世大英雄，充分实现了寄心于历史现实的照想，寄情于人生的思考。

三、电子竞技战略素养的提升

电子竞技可以提高竞技者的精神思维、四肢反应、身体协调和意志品质，协同处理个人与团队、细节与全局的关系。游戏考验的是人的体力、耐力与思维力的结合。在游戏中，游戏还实现了人们在生活中无法扮演的角色，化身为各式各样的人物，进行竞技。战略和战术的思维是电子竞技素养提升的重要因素，棋类电竞项目最讲究策略的执行，此消彼长，如《炉石传说》《象棋》，环境和对手不断变化，不变应万变，以万变应对万变。策略和战术不同，策略讲究为了求胜目标的整体规划，战术的是围绕目标进行的具体竞技行动，可以是直截了当，也可以是长驱直入，也可能是迷惑。

电子竞技战略素养的提升要考虑两个问题：一是从宏观上找出根本的竞技游戏目的所在，不要只顾眼前利益，而丧失了最终目标的取得，也被称为战略层面；

二是从微观角度采取直接打竞技游戏的方式，制定行动选择方案，要考虑多种具体的可能，分析战场的总体布局，以一城一地的得失，累积达到质变的过程。战争、军事意识和素养是人类生存与环境斗争必须具备的技能，与人竞技，其乐无穷，只不过这种竞技是以电子游戏为中介的文明的方式进行的。

战略素养和战术不是天然形成的，而是在有意识的训练和不断磨合中实现的，具体到电子竞技项目中，如经济发展战略——"兵马未动，粮草先行"，在原始积累资源的基础上，提供食物，快速增长人口，进而提供劳动力和战力，扩张资源，升级科技，进一步高效利用资源，是现代生活的缩版。支援力量战略，根据场景合理布置相关资源的分配，各兵种的联合作战相互克制，收集情报、刺探军情，为胜利创造可能和条件，不机械死板、按部就班地去实现。

四、电子竞技战术"三十六计"

游戏讲究思维方式的转变、全局观、计谋论的使用。孙子曰："百战百胜，非善之善也；不战而屈人之兵，善之善者也。上兵伐谋，其次伐交，其次伐兵，其下攻城。"电子竞技比赛不仅需要胆识、毅力和闯劲，同时也需要战术和谋略，孙子兵法和三十六计，都是中国传统军事文化的优秀代表。在电子竞技中，成大事、谋大略都需要奇谋智慧、智力对抗，这样才能在竞争激烈和关系复杂的游戏世界中驰骋疆场、游刃有余、纵横捭阖。人不可失去竞争意识，要防患于未然，游戏竞技之"战"的目的是"非战""和善"，竞技玩家之间比拼的既是操作又是心理，更是境界和道义。老子说："天之道，不争而善胜"。在道德的约束下，通过竞技，我们可以站在"正义之争"的视角，"慎战"为了维护和平和人类的发展。在游戏竞技中，我们需要花费最小的代价去击败"敌人"，战胜自己的弱点，利用自己的优势，在"借势"和"诡道"间实践价值。电子游戏竞技的双方攻防互易，"主客勇怯"，在一定条件下都可以相互转化，大道无形，经世致用，制胜的关键是知己知彼，善于利用各种条件，"有无相生，难易相成，高下相倾"。

电子竞技也有"三十六计"，智慧源自生活，技巧源自实力与智力，通过实践和经验才能不断地去探索，如围魏救赵的换家战术，抛砖引玉的小利战术，假痴不癫的迷惑战术，声东击西的困扰战术，擒贼擒王的团建战术，在颓势面前不放弃，在失败面前不抛弃，有提前预判的事前预防之策，有理性思维的事中应急之策，有反败为胜的事后补救之策，这才是电子竞技魅力吸引人的关键所在。"以彼之道，还之彼身，师以长计以制夷。"策中有略，略中有术，术中有法，法中有则，竞技之体验舒展，在刚柔、奇正、善和中，树立正确的电子竞技价值观，从而对生活充满信心，涵养形成电子竞技文化。在电子竞技游戏道德方面，公平竞赛、统兵练兵、提振士气，协调处理好同伴关系、利益冲突、主力和辅助的责任担当，分治合治、以上率下、动则有功。在电子竞技游戏中呈现英雄之"气概"，善于足智多谋、公平守信、宽和仁爱、锄强扶弱、勇敢顽强。

第五节　游戏教育化：教育价值的兴发

游戏是有效的情感激发和交互方式，应用于教育可以促进教育价值的提升，以寓教于乐的方式完成电子竞技的教化功能，知行合一。基于游戏的学习，能够激发内部动机，创造生命活力，在知行合一中实现电子竞技玩家"玩、争、赛、让"教育价值的精神实现。

一、电子竞技教化

（一）游戏情感对学习知识的兴发

电子竞技的世界构筑了一个教化的情感道场，在这个场所中，基于传统自由精神的基础上，审美的想象空间得以丰富，情感的熏陶得到了加强。虚拟游戏世界的情感感受和真实世界相似，游戏的精髓在于与艺术相通的自由特征，摆脱它的一切强制，而从劳动转化为单纯的游戏，就会最好地促进自由的艺术。电子竞技比赛不仅仅是一种沉浸式的表演艺术，它更让玩家在电子游戏的沉浸感体验中，全身心地感受盎然的意想世界，从而达到游戏情感对玩家的教化效果。在游戏中，玩家可以获得紧张、愉悦的情感刺激。在竞技项目中，玩家还可以不断学习各种知识，接触各种文化，而且这种体验和效率是极高的，当他们回到真实世界，仍能保持很好的技能。

游戏的思想、机制、交互，可以激活玩家的情感，改变玩家的学习行为，寓教于乐，拓宽玩家的知识视野并增强学习意愿，从而提升学习效率。不论玩家是直接从事电子竞技运动，还是将电子游戏融入教学、教育和学生情感的生命体验中，都可以激发人的本性乐学，活跃思维，提升效果，满足情感，释放压力。科学游戏是有效的学习方式，有利于增强学习动机，整合知识，提高学习专注力，构建游戏化的知识意义情境。在游戏的虚拟环境中，情感是知识学习的前提，个人的主体性得到加强，促进了更加主动和感兴趣的知识学习情理。在潜移默化的影响中，游戏提高了玩家兴趣的指向和知识掌握的自信心。玩家为了虚拟世界的尊严，能够发挥主动性，激发个人对知识学习的欲望。在游戏中，这体现为知识的不断积累和能力的进阶、技能的学习、经验的运用，提供发出自己声音的机会，充满了获得尊重的被关注和承认感。

（二）游戏思考对知行合一的启发

电子游戏竞技玩家能够在游戏中获得意义和存在感，他们可以将游戏中的思考和自己真实的人生结合起来，因而对自己的行动产生影响。生活既是教育，游戏亦是教育。游戏既是生活，生命教育启发了生命的正向能量，实现了知行合一。电子竞技游戏是一种有效的方式，它要求玩家心脑并用，手脑结合，从而启发生命的"善"能。人们可以利用游戏世界开展生命教育，通过玩家在电子游戏竞技中的表现来全面评估和改善一个人的现实生活行为。另外，人们还可以设计和开发具有生活创造力和实用性的电子竞技游戏项目，从而更好地完善对于知性的引导作用。针对不同成长期和价值需求的玩家，可以建构游戏内的思想体系，用真实世界的和谐价值观去塑造人物性格，锻炼玩家的游戏实践能力。只有不断修炼自己，坚持努力，提高悟性，才能破茧化蝶，改变境遇。同时，玩家也应警惕陷入游戏的贪婪和身体的放纵，因为在游戏中的思考力、决策力、行动力至关重要。"知是行之始，行是知之成"，在游戏世界中，往往因为一念之差而造成比赛的失败，有时候玩家也会因为力不从心，而中途放弃比赛。

游戏价值显然与竞技游戏的情感有关。情感与行动统一，知行合一，并不是虚幻空灵的心态，而是行道体乐的生命感觉。在游戏中，玩家要对自己的心性、德性有所自觉，从而实现天人合一，不虚度光阴，承担起道德义务。电子竞技是心性之学的较量，体现了知行合一的理念。人世情感的存在，受到认知视野的经验影响，人在游戏中也是真实的存在，行动出于情感的自然，性情行动浑然一体。知行合一的游戏心得体验可以达到最佳的电子竞技状态，这是一种高效的沉浸感"巅峰状态"。明确的目标、准确的行动、坚韧不拔的认知是心流体验产生的前提，它要求行为与意识的融合，意识排除干扰，无惧失败。

在游戏中学思、悟、践是一体的关系，游戏者不能依靠任何人，拥有更多的自由去实现的自己的主见，在探寻知识、任务、角色的过程中去怀疑、求证、试误，不断成长。在虚拟的游戏环境中，游戏者可以对知识的真伪和准确性千锤百炼，反复练习，根据自己的选择和喜好去练习。通过游戏者对知识学习的热爱与知识完成的意志，他们可以在游戏中思考、实践，完成知行合一。游戏玩家需要具备发现问题的意识、独立解决问题的思考和问题解决后的反思，以及将问题落实到行动上的魄力，愤启悱发，游戏知识自发，思考启发。游戏思考主要包括游戏化学习环境的搭建和游戏中的反思知识学习。通过将游戏化的竞争机制、激励机制、任务目标导向机制融入知识学习的行动过程中，游戏者可以激发自我学习动机，真实扮演角色团队，进行知识经验排行和升级奖励，最后通过意义的实现，获得知识和能力的评价。

（三）游戏角色对人生体验的省发

在情致律动的电子竞技游戏角色扮演中，引发了对人生新的认识与思考，对友情、爱情、预感、责任感有新的体验，实现了自我价值的标定与审视，正如《头号玩家》中提道："我来这里是为了逃避现实，但我发现了远比自己更重要的东西，我交到了许多朋友，我找到了真实的爱。"电子游戏竞技为孤僻的人、性格内向的人提供了在游戏中更好地表现自我和放松自我的场景和可能。同时，竞技者之间也增强了情感沟通的渠道和媒介，有了更多的共同语言和话题。比如赛前的角色任务分配，战术任务分工，生长发育资源的寻找与获取，尤其是在游戏竞技中团战的默契配合，最优战略的选择和判断，进而获得成功喜悦分享的快乐或者分担任务失败的落寞与痛苦，同样是人生收获满满的情感体验，主角和配角都得了价值的体现，从而增强真实和虚拟中人与人之间的信任与依赖，获得对生命的渴望和对健康的自信。

胜利期待与人生成功是一种本能的心理渴求状态，有竞争对手就有奋斗的目标。通过理解角色的设定，人们能够产生情感共鸣，在游戏人生的过程中获得享受。天马行空的电竞故事背景和人物角色，横亘宇宙时空星河，让人们可以与任何历史先贤、伟人和英雄对话，构筑情感想象的幻境空间，补偿着现实人生的不足与遗憾，从而实现心灵角色的自由与解放。竞技者根据自己主观意志对游戏角色的理解和责任的选择担当，去进行情感创造，提升了个体的存在感和游戏的自豪感。竞技游戏通过语言、音乐、视觉图像等获得游戏操作的情感反馈，在情感反思中增强吸引力。在虚拟的电子游戏竞技世界中，玩家可以匿名，隐藏真实的身份，通过故事角色实现真实生活中难以表达的情感寄托。

游戏角色具有知识创造的能力，而真实世界中的人生体验是不可逆转的，但在虚拟的游戏世界里，人物的命运、知识的学习，可以变得丰富多彩。人生的探索能力、协同能力、想象空间有了更主动的活跃度，丰富变换的移步换景和游戏角色更迭，帮助学习者明确了行为目标和人生的方向，提供更强烈持久的满足感和兴奋度。面对剧场式、开放式、游戏化的角色个性差异，游戏提供了最佳的游戏行为体验，使人生的学习状态能够得到时刻的反馈和交流，促进了对于人生的学习经验的迁移。

二、基于游戏的学习

（一）激发内部动机

基于游戏的学习有两种形式：一是利用游戏进行学习，二是将学习设计成游戏进行。基于游戏的学习方式不仅获得了更多的同伴互助，而且能够将"我要学"的动机变成"要我学"。它将游戏的"玩性"尽可能多地转为习得的"化性"，在循序渐进中引人入胜，驱动游戏者兴趣的唤醒，刺激心灵深处的自我决定，释放内心负荷，满足个性化动机的激发。学习能力的提升，不是简单的知识传授和告诉问题解决的方法，而是有发现问题的意识和在探究问题过程中形成的综合能力，游戏元素可以极大地增强学习者的学习动力，享受乐趣的工具，也具有教育的意义。在目标、规则、反馈、挑战的游戏环境下实现生理和心理的双重刺激，进而实现一定情境中的心理干预。

游戏的过程是动态刺激的呈现方式，是时间与行为的配合选择和操作机制，将游戏化的元素应用到非游戏化的知识解决的途径中，可以获得情感的抑制、宣泄，实现更深层次的心灵触动。因此，基于游戏的学习和教育不能随意而为，需要各方位精心地设计，将游戏者个体外部的刺激转化为内部自主的学习动力，让游戏更好地服务于学习和教育。在游戏中，学习者可以获得愉悦的沉浸和素养的提升的双重进步，从而增强学习的动机，提升收获知识的满足感。

内在的学习动机包括兴趣的直接刺激发生、同化学习方向、持续刺激强度和动机的连续能力。在游戏化的情景和玩家直接游戏刺激中，增加对于知识的内在吸引，通过游戏行为的选择，用新奇多变的游戏形式让学习更快乐，寓教于乐的最高境界。游戏能满足学习者的好奇心，激活内在的求知欲，使学习者在游戏中主动、乐此不疲地学习自己感兴趣的内容，在意兴阑珊处提升游戏思维，把困难当成任务的挑战，产生存在的归属感。

（二）创造生命活力

人需要认识自己，感受自己的存在，明白生命从何而来，去往何处。福禄培尔认为"游戏是孩子内在生命力的表现"，游戏带有一种生命本能的活动。在面对紧张的压力和不确定性的恐惧的时候，人们如果得不到足够的关注和鼓励、得到释放与解化，容易感到无助和选择逃避，生活不能只顾眼前，而要为人的未来作打算。游戏可以促进人的身心健康的发展和生命力无穷的展现，电子游戏的竞技更是可以激活人的竞技生存的本能，让人体会到生命的意义价值和人生的追求方向。人都喜欢游戏，游戏是一种生活，在游戏中懂得生命的意义，本能、冲动、需求、意识都可以在游戏中得到体现。

游戏是一个人生命价值意识生成的过程。游戏提供生命的自由和空间，在游戏竞技、竞争的互动中，生命的活力得以涌动。在游戏中学会对生命进行思考，独立探索、创造与实践，激活大脑的思维能力。人的生命的存在是在不断地交互中体现的，是在价值承认与被承认中被意识，是由被动到主动的身体的体悟感知方式。游戏丰富了生命力的意义构建过程，将理论与实践汇聚于生命力的需求之间。在游戏中，人总是带着生命最原始的冲动和经验的理解，去感受游戏世界的万物。游戏与体验达成了一种诗意生命的境界，爱惜生命，尊重生命。

（三）形成健康情感

人是真情实感的存在，真情是来自生命体真实的感知，心神是合一的，如王阳明所指的"人情事变"。在游戏中，玩家的丰富真实、淳朴的情感得以宣泄，健康情感得以体现，复归于游戏的本真与无极。在虚拟的游戏情境中，人可以感受游戏中人物的喜怒哀乐，将其同化为自身的情感体验。善是游戏特有的价值衡量，游戏中的是非、美丑、善恶，均由游戏参与感情感和认知视野来决定。

耳聪目明，人伦游戏之常，游戏能够开发玩家的睿智心性，体验喜怒哀乐，中和万物的和谐有序之道。诚信、友爱、平等是人类持久的道德品质和情感依托，待人以诚，报之以诚。游戏无信不立，游戏若含其情，可以为善，可欲之谓善。不过分以游戏的胜利为喜，不以失败为悲，热爱生活，增强面对挫折的心理韧性，形成健康的情感，过有意义、精彩的人生。

三、游戏化的教育

（一）游戏的玩、争、赛、让

游戏的原则是体现游戏视域下的生活本质，是教育主体性意义的价值生成。人要从生活中习得知识，德化感育。游戏不是强制的行为，而是实际生活的模仿。在玩的过程中，体验游戏的时间和空间的完美，有利于目标价值的追求，有利于游戏规则的遵循，还有游戏道德的谦让。游戏可以滋润心灵，也可以舒展身体。在虚拟和真实的世界中，建立起"天命之谓性，率性之谓道，修道之谓教"的游戏教育自然观。游戏是人自身世界的创造，也是利他主义意义的教化凝结。游戏维持着人在自然世界的本能与冲动，在好奇的尝试中，社会文明不断进步。

游戏还反映和体现为人多次进阶、进步和转移生活注意力的意愿，将个体融入群体，使有趣的生活得到充实。既要出世又要入世，原有的知识和经验得到再创造，不断演化和模拟。人有内化一切外在东西的意愿，通过不断尝试，在游戏中把不可能变成了可能，实现了"玩、争、赛、让"的完满。

（二）数字游戏原住民

伴随着数字化环境的深入，人的意识处在一个高度发达的数字空间。在数字游戏的空间，人被称为原住民，过着虚拟的生活，虚拟货币、网上购物、角色生存等改善着人们的体验。通过便捷的网络服务提供，人的需求得到即时化反馈。人的游戏内心力量是无穷的，在虚拟的游戏空间，经济、文化、生活有其独特性，缩短了时空的距离，甚至出现了虚拟生命、数字 AI。电子游戏从某种意义上延伸了未来世界照进现实的想象，人在数字环境、数字游戏环境的生存能力、生存意志、生命健康得到提升，玩"物"不会丧志，要重视数字游戏原住民的保护，提高数字手段的公共价值，让游戏者的价值感、归属感和满足感回归真实的数字化生活。

保障互联网数字游戏的安全及隐私，在数字经济生活中不被孤立，不被游戏所同化，不被游戏所奴役。享受数字居民的游戏权利，合理利用和引导技术变革的游戏标准，净化网络空间，不盲目跟风，找到自己的数字居所，把握人生的方向。玩家要学会控制数字技术的使用，避免被电子产品和网络道德所绑架，而失去了基本的生活技能和生活空间。

（三）游戏的祛魅

祛魅意为消解游戏中未知、不确定好奇的神秘性和魅惑力，降低游戏化自觉。游戏的意义在去游戏的过程中实现。虽然人认为自己是一个独立的系统，但是这种认为极易受到游戏和自身认知的魅惑。在对待游戏的文化态度上，人们应不断利用崇高、典范、儒雅来消解自身困惑，不被利益和表象所迷惑，在主动释义和被动理解上，认清游戏的真相，延展游戏的教化功能，实现数字游戏的育人目标。

人是社会关系的总和，但是在游戏世界里，人失去了物质的身体。满足感和沉浸感并不是游戏灌输得到的，而是游戏价值的自证，让人们获得祛魅新生。在游戏的场域，人们体验到数字的人性完整的存在。游戏在远离现实中体现着现实，德国剧作家席勒认为"游戏是人的一种审美活动"。在游戏的祛魅过程中，就是一种审美的判断，摆脱现实物质的压迫感，在空灵的游戏世界中实现无限的可能，消解困惑，展现生命力。

在游戏祛魅的同时，人们需要遵守游戏规则，构筑游戏规范，意识游戏的存在。伽达默尔认为："游戏就是具有魅力吸引游戏者的东西，就是使游戏者卷入到游戏中的东西，就是束缚游戏者于游戏中的东西。"① 然而，吸引并不代表失去自我，通过游戏的祛魅，人们可以调节真实和虚拟生活的关系，通过承认与释放来应对这个世界，解放这个世界。同时人们也需要意识调适自我，经验重构意义，学习积蓄力量。

---

① 李学斌. 儿童文学的游戏精神［D］. 上海：上海师范大学，2010.

第四章　技术之道：
电子竞技教育生活技能的发展嬗变

假舆马者，非利足也，而致千里；假舟楫者，非能水也，而绝江河。君子生非异也，善假于物也。

—— 荀子《劝学》

君子善假于物，物的技术变革引发技能效率的提升，教育生活因实践而改变。技术之道的不断完善推动了教育形态的发展，进而影响了教育的模式。人类技术科学的不断进化，提高了教育的水平和能力，全方位渗透到教育的过程。就技术价值本身而言，无好坏善恶之分，关键在于使用技术的人和技术的用途善恶有别。技术的结构、属性、功能通过游戏的方式作用于教育，产生电子竞技教育，生活技能转化为人的本质力量，技术通过物质层面创造，精神层面教化，实现着教育主体——教师、教育客体——学生、媒体中介——课程育人之间的主客体效应技术化关系。技术之道指向技术本身的内在价值和使用技术者的外在价值，成为教育变革的重要力量。

和而不同，竞技之"战"是为了"止战"，社会因技术而日新月异。电子竞技教育的出现和发展在一定程度上遵循着技术之道的规律，如果没有计算机的发明，电子竞技教育无从谈起。计算机的技术物化形态发生改变，电竞教育也会随之改变。技术科学在游戏的历史中得到肯定的回答，人类文明进阶，更加真实地认识了这个游戏的世界。因为技术的进步，我们不断去改造世界，创造我们的教育生活。技术的使用和进步提高了我们的学习技能，给人类教育带来了挑战和希望。

第一节　电子游戏——技术游戏电竞

人类为了满足自身的存在和发展需要，利用智慧与经验产生技术，以此来认识和适应自然规律，改造一切客观物质。技术的存在推动了游戏的发展，使其演变成了电子游戏的形态。电子游戏作为电子竞技的载体，融入了体育的元素。电子游戏竞技对人的教化，实质表现为技术之道手段的电子竞技教育价值。技术起源于人类对工具的使用和改造。从广义上讲，一切工具器用化、有用的方法、经验、技能和手段都可以是技术，处于技术包围环境下的人，主体和客体以及媒介都需要适应这种技术的变化，掌握科学技术的素养核心要义，从一切教育实践出发，学会利用、创造和使用技术。

一、竞技"人—人"的对抗

（一）技术的主体

人们渴望非凡，技术则有明确的目的，它反映人类改造自然的能力，体现了社会的意志和强烈的进步意愿。这种诉求建立在人自身对人性的认识和生命存在意义的基础上，从而产生改造自我的最初原动力。在身体力行的劳动中，人类学会了经验的积累和知识的外化，并将这种能力用于工具的改造上。这种认识是思维智力上的提升，给工具的使用带来了无限可能。同时，对工具的器化利用又加速和提高了人类认识世界的视野，拓展了人类生存的空间和时间。

技术的主体——人，所赋予的社会实践是有目的的，这种目的是生活赋予人的权利。技术上的主体具有社会性，因此技术也具有社会属性。技术是人表达自我的一种社会形式，这种形式包含着人对自身存在的理解和改变。技术负载着人的人性、社会性以及人的价值性。技术本身不具备善恶评价，它是人主体纯粹的手段目的。技术不包含意义和实践上的结果，但它的存在成就了文化。电子游戏竞技成为人与人之间的技术文化，在主体客体化和客体主体化的过程中，人利用技术实现了游戏的竞技梦想和体育电子化延伸。

电子游戏竞技的实质是人与人的对抗，是通过技术化的电子游戏中介实现的。这涉及人对于游戏的领会和操作能力、电子游戏软件和硬件技术的发展交互程度，以及人身体运动的反馈机制等因素。电子游戏竞技的操作技术主体只能是人，技术主体的价值可以分为个体价值、群体价值、社会价值和人类世界价值四个层次。技术的价值既具有相对性，又具有绝对性。在一定历史时期内，技术主体发挥着能动作用。作为技术的主体，人具有恒常性，任何人的电子竞技对抗都体现着人类与技术的使用和效应价值。

电子竞技技术的完善，降低了人们从事游戏竞技的门槛，提高了公平竞技的技术保障。通过提供丰富、多感官的媒体刺激，推动了人与机器体育化、教育化的进程。人与人的电子对抗是技术内形态的游戏体育的本质表现，将现实世界里的游戏竞技通过技术转移到虚拟的世界，带来了更广阔的异次元空间感受体验。这加深了人与人之间的对抗、交流、竞技和交互。

（二）技术的客体

技术的客体是指由人所创造、思索、臆造、发明的对象。作为自然的人主动改造器物的技术，寄托了创造者解决问题的意愿、经验和方法，但是这种方式需要建立在对自然规律认识的基础上施行的。技术不能逆规律、逆自然而生长。从主观层次上看，技术的主体是人创造的，是人本质智慧和力量的显现；从客观层面上看，技术的客体是符合自然规律现象的，是对自然优化的技术创造和认识，这两者结合必须有坚实的技术客体才能实现技术的实践应用。从某种意义上分析，技术在主观性和客观性上是统一的，是对客观自然规律的认识和主观改造的适应。

技术的发展水平与社会发展的文明程度、社会技术客体的认知程度、社会生产力的发达程度密切相关，技术价值的实现是在技术社会化中体现的。社会是客观存在的，是技术客体的存在事实。技术是社会发展的直接生产动力，时刻改变着劳动资料、劳动对象、劳动者。在主体和客体之间制造需要，技术的客体是创造价值的结果。通过技术客体的表现，人类技术的主体得到了体现，从而产生了继续使用技术的需求。技术客体不基于人的先验感知，不仅蕴含着客观的自然之力和自然规律，还体现了创造者的本质。

在电子竞技中，经过硬件计算机技术和软件语言、算法技术改造，实现了游戏的电子体育化竞技。技术的客体不再是冰冷的机器设备，而是在感知基础上，延伸和增强了人体竞技功能，提供了更加刺激、沉浸、愉悦的临场感、新颖感。

其改变了技术主体的交流方式，反映着技术主体的实践能力。丰富多彩的技术形式和技术程序化可操作使得电子竞技得到有效体验与运转。电子竞技的技术客体是时刻在发生演变的，由游戏街机、二维代码到图形计算机，由单机时代到网络时代、移动电竞时代，每一次电竞技术客体的出现、更迭与升级换代都会给人类和社会带来进步。旷日持久的体育体验和模式变革，考验着人们对于技术的游戏实践态度。

（三）技术主客体的实践关系

人具有社会和自然的双重属性，因此，人创造的技术也具有社会属性和自然属性双重身份。技术以人类强烈的、特殊的需求为目的，是在现有社会科学技术水平的基础上加工的，需要站在人类历史经验基础上不断地总结凝练，符合自然社会发展的规律。技术的创造不是随心所欲，而是需要受到约束，同时还需要人类的智慧和人类不断寻求进步的欲望来形成反思、思考和超越。

电子竞技存在于社会实践活动中，利用电子技术、网络技术是社会本质的力量，满足了人的要求，并体现了技术主客体之间的实践关系。人类有对于未知的无限追求的欲望，在不断充盈的技术能力中，获得对世界的实践感知。在电子竞技的实践过程中，技术的主体人和技术的客体游戏体育项目，通过脑力、智力、眼力和身体协调力的比拼，实现了"赛、让、竞、体"的目的价值。在此过程中，关键在于主体的选择判断，客体价值实践改进和主客体关系的优化。随着电子竞技政策和电子竞技环境的改善，电子竞技项目流行起来，并推动了电竞教育的成熟。

技术带给游戏主体和客体的观赏艺术和实操效能体验，扩展了体育游戏的虚拟化边界，使游戏的主体和客体深入到电子竞技当中，提升了无穷的技术吸引力和游戏魅力。这种体验以更加有趣和丰富的形式提高了技术客体的满意度和市场的推广度。从本体论和认识论的角度去分析，技术带来了人的全面发展实现的可能，使游戏的主体和客体的交互变得更加自由、和谐，实现了电子竞技的价值。

二、竞技"人—媒介—人"对抗

（一）媒体是人体的延伸

媒介即讯息，任何人接触的技术媒介都可以成为社会和人处世、对抗的尺度。在"统合—分化—统合"的循环中不断完善，技术承载的讯息丰富了人间事物的模式变化。从人类发展的过程来看，真正有价值的东西常常是技术带来的社会变革产生的。技术媒体扩展了人体的感受，延伸了人的处理能力和处理范围。技术的发达，使地球世界变成了一个"网络村"，外界与世界联系得更加亲密。技术是人类智慧结晶的体现，凝聚了人解决自身问题和意识自身能力局限的经验。有效地利用和创造科学的技术，用于实践的改造，可以提升人体存在的效率。技术面临着重塑和改造世界的重任。技术赋予人转移和控制的能量，在不断革新中，技术创造和改造了媒体，延伸了人体，实现了人的全面感知和意想。

从技术产生的时间来看，从人类早期石制工具制作技术开始，技术便涵盖了器化的形态和智能的形态。从技术的实质有用领域来看，技术囊括了自然技术、思维技术、社会技术。技术与人性是协调一致的，只有发挥技术的先进性与合理性，才能回归人性。技术是媒体改造的有效方式和手段，技术的改进，改善了媒体的环境。例如收音机是听觉的延伸，电视机是视觉的延伸，机械手臂是触觉的延伸。这种技术对人的延伸极大地改善了人体感觉的局限性，改变了社会的思维和文明程度。

电子游戏竞技世界是一个充斥技术、视听觉华丽刺激的感官境界，时空一体、声光电完备，电子网络技术将世界同化为一个频道，缩短了时空的差距，使人更加的平等、公平，共享体育游戏的乐趣。由于技术的进步和媒体的扩展，不同肤色的人种、不同年龄的选手都可以同台竞技，被这个世界所感知。技术对于游戏的器用延伸，缓解了技术主体的生存压力，主体在自我保护的转变中，应对了技术延伸的不平衡。人体是一个适应场，在媒介技术的不断进化中寻找到自身的位置，生生不息。

电子竞技是人与人通过电子媒介进行较量。技术化的媒介呈现形式丰富多彩，将人的感觉延伸到电子的世界，并将电子世界的交互，反馈回媒体的感官刺激，完成有效的体验、实践、回路。技术放大了人的数字化感觉、感受，沉浸感更加强烈，忘我意识更加自由。技术的进步实现了电子游戏竞技——多人同时在线竞技的盛大场面，突破了时空的局限性，促进了游戏者的自我超越和数字化成长，磨砺着游戏者的心理素质。技术带来的趣味性，最大程度缓解了游戏玩家的生活、生存压力。电子游戏竞技是一种技术文化载体和技术文明，增进了玩家体育文化的交流，融入体育精神到技术中，实现了科技与体育精神的结合。

（二）泛在空间

技术是人类生存的时间和空间的泛在场域，人类为了某种目的采取有效的办法去尝试科学认识、控制和改造自然、社会器用工具，甚至人自身通过这些努力，人类获得有别于自然的，属于人类专属的超社会的力量。这种泛在空间包括人认识和已经感知的自然、社会空间和人不可感知的自然、社会的空间。人与人、人与社会之间构成了生活百态的利益关系。在人性原始冲动的驱使下，技术被用来改造和认识人与人之间的关系。

人类的经验不能直接转换成改造自然的能量，而需要通过技术的中介去实现。技术与人的生活泛在世界是一体的。人类的资源是有限的，需要通过技术来提高其利用效率；人类的文化是多元的，需要通过技术促进文明的共享；人类生存的地球也是一体的，需要通过技术来促进和平。我们试图用技术去改造和实现更完善的生活，在这个过程中，人成为万物的尺度。

电子竞技的泛在心理空间是科学技术与体育精神结合交织的经典空间。在这个泛在空间内，人的自由性得到凸显，人性受到关注。技术实现了不同思想的数字化塑形描述，保障了人与人之间的平等，使人可以自由无限地选择、实践、游戏和体验人生。此外，技术还可以将人类深耕的文明、文化植入到游戏项目中，在有效的技术算法搭配、赏心悦目的清晰画质以及极致操作上给玩家提供了随心所欲、欲罢不能的需求洞察，迭代了更加激情和丰富体验的生命力，张扬了隐藏的技术人性，大隐于技术之世界。

（三）技术生存

技术可以认为是人类的一种生存能力，通过人们的实际生活经验，不断地完善，去获得技能和技艺。从原始的人类利用工具改造自然，如钻木取火，就是通过不断的实践所获得的能力。这种能力有体力劳动和脑力劳动之分。在这个过程中，一切的物质手段都遵循自然事物本性，不断按顺序演进，形成高效的劳动生产和绵延存在。技术的实现有一定的原则、方法和程序，是对人类生存自身历史的转化、摸索和应用。

随着社会的不断发展和进步，人类可以享受高科技技术文明带来的优越体验感。技术化的环境为人类提供了充分自由发展的空间，想要在这个技术空间中生存，人们必须有强烈的学习欲和改造欲。人和技术是相辅相成、共生互构、协同发展的。在认识和改造人类外部自然世界的过程中，技术显化了人的本质力量。技术生存是人类利用知识、提高实践能力、发挥主观能动性、确证自己高级存在、认识自我、内观自我、自我改造的有效生存手段。

从广义上讲，技术开始的地方就产生了人类，人类通过技术获得了更好的生存和延续。技术有其赖以生存的空间、时间和特定的背景，它伴随着人类的诞生而不断发展，是人之为人的生存考证。人的生活离不开技术，技术的生存代表了人类的自然和进步生存。从自然技术到农业技术、工业技术、信息网络技术，技术是人的生命活动和智慧的高度体现，如蒸汽机技术、计算机技术、文字技术、印刷技术、火药技术等形成了人类特有的文明。技术需要回归人的生活与生存，与自然社会万物同在。人类通过技术展示自身的价值，构建自身的生命意义，对行为进行判断力批判。感性理解是思维运动的第一形式，而技术则是思维能够识别、评估、判断行为的倚仗，进而上升为理性的认知。在生存的经验视域中，技术的生存成为人类探求自身存在价值生命的缘起，触摸生存的边界，在探寻真理和自由的道路上释放着智慧和生命的力量，在人、自然、社会的和谐平衡中寻求生存的技术之道。

电子竞技项目对于选手的要求是比较高的，虽然竞技项目的入门门槛低，但是竞技能力的把控以及技术的操控，需要经过千锤百炼的练习，甚至达到肌肉记忆的程度，如鼠标键盘的适应、操作快捷键的记忆、英雄装备的属性、游戏比赛节奏的把控等。技术影响下的电子竞技项目使人的生存节奏加快，而且随着技术不断地推陈出新，人的生存适应面临着更大的考验。

（四）技术的不确定性

技术可以满足人类的欲望和需求，它涵盖面广泛，可以视为是人类知识、手段、能力、科学的系统展示集成总和，充满着改造未知的不确定性和能动的进步性。技术是不断发展变化的，经过人的主观改造和客观适应，朝着更加有利的方向发展。技术的不确定性影响着人类的学习方式、教育方式和生产方式，在人、器、物的关系中实现了人的目的。技术具有时间的生存意义，在人生活实践中开拓视界，人的技术化突破了人发展的桎梏，促进了人的批判性和反抗性，解决了技术瓶颈，有助于人类更加全面地认识自我。科学技术的发展观，其本质是以人为本的技术实现观。技术的本质迎合了人心理的需要、价值、欲望、信念、竞争、决策、合作、冲突、博弈。人是自然的使者，不仅完成了自然世界的生存、安全、延续，而且在技术的帮助下，认识和改造着地球。技术成为不确定性世界帮助人们作出更好的选择、持续和适应决策的工具利器。

技术是一门艺术，需要在不确定的前提下得出接近确定的实用价值。在人类的进化历程中，我们能够完成觅食、繁衍的生存之道，靠的是对于工具的使用和技术的发明创造。人有了升级的工具，就可以对付野兽和大自然的风雨；人有了技术就可以钻木取火获得能量，靠技术造出各种各样的武器装备，生产设备，提高生存概率。

技术通过人的主动思维、决策思维和针对性应用来发挥作用。它是科学经验的积累，人的理性决定技术的选择和质量。如果我们仅是在乎技术的眼前利益，那么技术的发展就会受到制约。从这个意义上讲，技术的投入判断是不确定选择的结果。技术具有启发式的判断功能，由一种技术迁移到另一种技术，形成技术的通用价值，教导人们在不确定情境下的生存之道，使人们不至于因犹豫不决而不知所措。技术的确定性能够带来快乐的感觉，在选择中去相信，"人＋技术"，使人类走向确定的开放成为可能。

在电子游戏项目中，技术保障了比赛的公平，提供了丰富的游戏项目，充满了比赛胜利的不确定性。前期的优势不一定能保持到最后成为胜势，而前期的劣势也不一定会导致失败，有可能在比赛的最后实现翻盘。在游戏的进程中还充斥着很多盲盒元素，如随机的场景、英雄和难度，提升了挑战的乐趣。游戏项目往往不可重复，同样的战术不可能使用两次。即使是相同的对手，采取的游戏进程也不一样。电子竞技项目往往采用多回合制或主客场制，通过技术的实现，最大限度地保证了比赛的公平，为队伍提供了一定的容错率。不确定的对局高潮、每一回合、每一局面都会产生大量的不同的战略战术，吸引了无数的观众。以弱胜强、赛场黑马的现象比比皆是。在游戏项目的大量随机事件中，形成了确定和不确定的平衡，提供给玩家更多的游戏思考，包括与竞争参与者的队员在赛后的分析琢磨，提高了智力水平的对抗性，游戏战术的选择与教练的战术意图讨论息息相关，千变万化的电竞局势需要玩家灵活应对等。

三、技术之道价值论

技术的发展源起于人类对生存的需求和经验中的顿悟，在人的社会劳动中兴起。有需要不一定能产生技术，但是技术的出现和发展一定是满足了某种目的。技术的命名往往是以目的的相关性而来的，经济基础和生产力水平是科学技术发展的前提，人类生存环境和战争的需要，往往能加速刺激技术的产生，技术产生后推广的利益和应用水平能够反作用于技术的继续研发，当然技术有时候也存在主观意愿的影响，为了产生技术而研发技术。每个人对技术的使用都有独特的理解，在由解释到判断的过程中，技术重构了时间和空间的真相，无限地接近自然的道理，不断揭示科学的真相。从局部看，技术具有偶然性，因果关系交替往复，存在一定的情境应用有用性概率。技术是客观的，对于后果的评价具有标准性的依据。在不确定性的世界中，人们按照技术的优劣进行排序，从个人的偏好到客观理性的选择，实现技术促进人的全面发展的意义，使技术成为决策和判断的新依据。

技术的意义具有时间性、空间性、语言性，例如，在驯鹿角上做标记可以记录时间。时钟、日晷等都是通过技术认识时间的伟大发明。在此基础上，我们认识到存在和自身延续的意义，在宇宙星辰、地球世界的长河中，维系人类的存在。技术的价值被内化到文化，演化成文明。科学和技术揭示着事物本质的联系，技术可以将器物的好坏进行改造。技术可以在微观世界延展人生命的长度，如器官移植技术、3D打印技术。技术可以在宏观世界让人认清所处的空间，如天文望远镜和宇宙探测技术，实现了人类飞天的梦想，也实现了"嫦娥奔月"的神话故事。技术的开放性、共享性、复杂性、发展性为人类解决更复杂的问题提供了可能。技术作为人生命本质的外在形式体现，改变了社会的生产方式和人们的谋生方式，投射出身体观察世界的诠释。

技术之道的价值实质在于技术的时空有效性和技术本身的事实性，电子竞技的技术不能独立于电子竞技玩家之外，电子竞技的技术发展本身就是客观存在且具有意义的。电子竞技项目技术的产生过程是主体作用于客体，客体反作用于主体的双向奔赴，在不断改进完善的双向博弈中得到优化的过程。技术主体客体化和游戏项目客体主体化，最后统一于人化的价值本身，指向人的全方位发展，因此没有了人化自然的价值本质，电子游戏、电子竞技、电子产品的使用也就不存在争议了。

从技术的功能出发理解电子竞技的价值，技术的形式和特点就是电子游戏区别于传统游戏的特有价值所在，即电子技术性。我们不能仅停留在技术的表面功能实效上。技术的主体，特别是人的完整发展的效应，使人们的生活更幸福，社会更美好，人的情感得到表达，人的需要得到满足，人的主体得到关注。从技术的发展去理解电子竞技游戏项目的价值，电子游戏竞技的发展充满坎坷不平，流行即意味着有生命力的。技术的发展代表着先进的东西取代了落后的理念，利用电子游戏本身去促进人的发展就是电子竞技的价值范畴，它使人的体育性得到舒展，身心得到满足和愉悦，从而实现了电子竞技技术价值的本体存在。

四、模拟体育竞技

在传统体育项目中，五禽戏通过凝练对五种动物动作的模仿，促进人的养生健康。《后汉书·华佗传》记载："吾有一术，名五禽之戏：一曰虎，二曰鹿，三曰熊，四曰猿，五曰鸟。亦以除疾，兼利蹄足，以当导引。"体育旨在延伸人体的健康实现和身体自然能力挑战的目标，体育项目是对人体的适应与自为运动。技术活动的实现需要有一个自然而然的规律性过程，不可能一蹴而就。技术使用的结果是自然的，也要应用到自然的环境中去，而技术本身是人化的非自然，一旦技术应用到自然环境中就破坏了自然、干预了自然，或许人本身就是自然的一种形式，人创造技术也是自然的一部分。电子技术的出现，更好地模拟了体育项目，模拟了自然客体，实现了体育形式的突破。通过实践体育项目可以达到良好的健康促进和体育锻炼的效果，而借助体育的技术化实现了电子体育的模拟，增加了人与人交互的技术中介。由于技术客体的复杂性和多变性，使得技术主体客体化和技术客体主体化，需要经历一个相互认识、熟悉的阶段。这个过程可能减少了模拟体育的实践时间，但是模拟电子体育竞技带来的满足感和新奇感，提升了体育的魅力和功效。

2021 年 4 月，国际奥委会与五家体育机构合作举办 Olympic Virtual Series 模拟体育赛事，包括电子自行车、数字赛艇、虚拟赛车等项目，开启了虚拟体育的电子运动先河。模拟体育的交互性技术为人的超强沉浸和增强体验提供了无尽的想象空间，更可以将体育的活动空间和背景，拓展到太空、月球、海底等人类未知的世界中去，让技术的主体实现电子游戏竞技的超体育能力，直接获得体育的刺激感知。

体育的感觉是可以模拟的，身体的电子化极限运动带给了人们无限的享受，技术在平静的生活中激起了体育的战斗性，享受多次胜利的兴奋。模拟体育的本质并不是体育的实质产生了愉悦，而是在模拟体育的技术过程中享受到了人的主体之"趣"和"在"。电脑技术目前的显示形式是鼠标、键盘、主机和屏幕，但是软件载体技术可以延展体育的无限视觉、听觉、触觉的体验。模拟体育还带来了体育项目花样的翻新和体育过程的电子化。模拟体育的赛事，打开了人类视界的新的技术场景，扭转了传统体育项目需要高素质身体状态的竞技原则，让普通人也成为体育的主体，实现了体育的本质价值功能。

五、电竞项目的开发

随着人们对身体健康和体育竞技水平本质的认识提高，具有休闲娱乐功能的竞技体育赛事已经成为人们交往、生存的主要手段。在技术革命影响下，琳琅满目的电子竞技项目成为电子竞技事业的主要对象。以电脑作为技术主体，开发电子竞技项目涉及游戏品质、设计原则、玩家体育层次，这些因素各不相同。电子竞技游戏项目的技术开发，要求具备体育项目熟悉能力、计算机编程设计能力、游戏艺术理解能力、体育精神审美能力、电子竞技游戏开发创新能力。

《辞海》中将游戏定义为"文化娱乐的一种。有发展智力的游戏和发展体力的游戏"。因此，电子竞技项目技术的本身是一种活动的设计，既包括脑力的活动，又包括行为的活动。电子竞技的目的是以竞技为手段，实现人的快乐，这就需要技术客体自愿的内在动机与竞技外在规则的融合。抛开人的全面发展和实践活动，去研究技术客体是不现实的。在传统的体育项目中一般分成两个层次：一是以体育运动为代表的游戏化体育；二是以生活消遣、玩耍为代表的嬉戏休闲体育。电子游戏是技术化的消遣嬉戏，而电子游戏竞技是电子的体育游戏化竞技，它是科学技术发展、应用到游戏过程中必然的产物。电子竞技具有竞争性和规则性，通过技术挖掘人类体育的最大潜能，电子竞技技术客体的用户随之变迁。[①]

电子竞技项目的历史发展虽然短暂，但是技术革新促进电子竞技的飞速发展。一般认为1994年是中国电竞行业产业的元年，电子竞技项目技术的发展大约经历了单机技术、端游技术、页游技术、手游技术四个阶段。在单机技术萌芽期，我国的电竞技术主要靠代理国外的技术和自主模仿、研发相结合，这比国外的电竞游戏技术起步晚了10年，其中最为关键的是我国没有形成自主知识产权的操作系统和电脑硬件，电竞项目技术不够成熟，初期产品和用户体量较小。在页游技术时代，随着Flash二维显示技术、互联网页技术以及图形图像立体呈现技术的发展，页面优化得到加速，电脑技术成本迅速降低，普及度大幅提升，成为人们购物、娱乐、竞技、消遣的主要阵地。在手游时代，随着手机技术的推广和无线移动通信技术的扩展，电子竞技技术获得了飞速发展，电子竞技技术也从不务正业转变为专业研发，电子竞技项目传播技术火爆，技术收益不断提升，技术设计电子竞技项目更加使人快乐、满足，电子竞技技术的发展迎来了蓬勃的春天。

第二节　虚拟体育——虚拟运动电竞

在虚拟的网络时空有实体的生活表现，虚拟体育是虚拟游戏运动现实技术与体育竞技的深度融合，通过融入社会技术，构建出体育生生不息的文化道场。虚拟体育电子竞技项目创造着更多的经济文化和体育价值，如美国艺电EA出品的虚拟足球《FIFA》、日本科乐美KONAMI出品的虚拟足球经理《实况足球》、美国2K出品的虚拟篮球竞技项目《NBA2K》是较为经典的虚拟体育项目，通过虚

---

① 董丽娟. 娱乐与教学的整合——游戏教学模式思考［J］. 湖北科技学院学报，2016，36（9）：144−147.

拟现实技术的体育仿真和项目开发运作，将计算机仿真技术、图形图像技术、多媒体传感技术、人机接口网络技术等，应用到体育项目场景，实现了体育项目的模拟、体育运行环境的仿真。[①]

一、虚拟体育人的本体寄托

虚拟现实为体育创建了仿真系统，使技术得以虚拟化。寄托体育精神和体育竞技的实现，虚拟体育在虚拟的项目空间中进行。在数字虚拟时代，现代化、体育化、虚拟化是人的技术化自由全面发展的必经过程。人的技术化体现了数字社会发展阶段对体育的行为方式的要求，反映了人的生活和健康状态，其中包括人自身的内在信息技术素养、技术核心价值观、技术行为模式。作为虚拟化的体育人，为了适应技术时代的步伐，应具备虚拟体育的价值观念、权利和义务，以及全局观等。

虚拟体育通过计算机模拟体育的虚拟环境，用户通过虚拟现实人机接口技术，实现与技术系统的体育交互。头盔显示器、虚拟现实眼镜、智能传感器、陀螺仪加速器、姿势控制器、音效模拟器是常见的传导方法。它是一种半沉浸的体育状态，既可以较好地实现部分人体的肌肉大运动，又可以无缝连接地投入到虚拟环境设置的体育运动中。通过与现实体育项目相当、相仿或者升级的运动形式，进行体育的模拟训练和竞赛。

虚拟体育形式的出现，改变了人的体育思维和体育竞赛感知方式，具有多感知沉浸性、交互性、自由构想性，促进了体育智能化、数字化的转型。人们在室内和户外都可以进行，不受场地和体育条件的限制，释放了人的主体自由性，可以随心所欲、随时随地地进行虚拟体育的竞技比赛，获得了真实体育般的感受。虚拟体育的体验使人通过交互设备获得体育沉浸的二次加工，是传统体育和虚拟印象体育的感觉差值，具有非常强烈的沉浸刺激和经验提升，既可以作为正式比赛，又可以作为比赛前的热身与训练。

虚拟体育可以实现单人与单人、单人与多人同时竞技，以线上与线下结合的方式，解放人，创造人，实现一种安全体育比赛的有效方式。通过虚拟裁判科学

[①] 万民标. 虚拟现实技术在高职机械专业实验教学中的应用［J］. 电脑知识与技术，2021, 17（1）：183-184, 192.

裁决、数字化裁决，全方位记录和回看虚拟比赛内容，对虚拟体育的过程进行监测和实时分析，实时掌握人的运动状态，通过技术编程与不断的训练，感受到体育项目的竞技乐趣，提出科学有效的竞技策略，模拟选择合适的战略战术。虚拟体育可以时刻变换数字化场景，增强人的临场感，还可以实现 3D 重建、虚拟立体感的呈现，提升人体的感知和体悟，从而提升用户的黏度。虚拟体育的设计不是对传统体育进行替代，而是对传统体育的有益补充，从而丰盈人的运动价值，将"人—游戏—技术竞技"完美地融合到虚拟空间之中，进而在虚拟体育的过程中，解决体育文化传播和体育经济利润增长的问题。

二、虚拟体育文化传播

虚拟体育并不是将体育项目进行电子技术的翻版，而是遵从人的本性的自由舒展，将体育项目的特点、体育精神的延续与技术手段进行结合，产生虚拟体育的项目，在这个过程中植入虚拟体育文化。虚拟体育文化的本质是恢复人的天性，在电子化游戏的状态中实现体育的竞技完成，实现自我放松、情感宣泄、自我沉浸。虚拟体育重塑了体育的文化，虚拟体育文化分为物质层面、精神层面、制度层面。在物质层面上它表现为技术对虚拟体育的适应能力，形成物质实体的显化文化，如虚拟体育中的道具、经验、关卡、奖励。在精神文化层面，虚拟体育文化表现为体育精神、体育思想、体育智慧的内化文化，如竞技者的游戏品质、虚拟体育精神和公益网络道德的表现。在制度文化层面，它表现为虚拟体育的规则、制度、约束、控制的机理设计和组织实施，是虚拟体育有效运行的技术保障和机构基础。

在虚拟世界的游戏竞技中，玩家既可以体验第一人称视角，又可以以第三人称视角感受整体的体育竞技氛围。虚拟体育文化的传播模式，突破了"传者、受者"简单的单向价值方式，而是以沉浸内容加工和虚拟体育多信息传播渠道互娱为主，重构体育文化传播的虚拟主体。

虚拟环境中的虚拟体育文化感受，更多的是玩家自身的体验和心得，而有序推广、用户黏性的实现要求和生活经济相连接，呈现虚拟文化不充分的窘境，更需要完成虚拟体育多主体协同的文化氛围的塑造，将人的体育化和虚拟化，打造成文化的数字化传播，在获得最优心理体验的传播同时，文化塑造处处被感知为主体的意境，融入人的主体和技术客体之间，满足观众实际需求，将虚拟体育的文化投影到"技术—体育—人"的角色辩证实现，服务于体育文化的生活传播。

三、虚拟体育竞争对手

虚拟体育给了所有人平等参与体育的权利，借助于电子化的设备和虚拟沉浸的环境，人的体育自由得以发挥，人的本质、愿望和欲望的冲动得到满足。在虚拟体育竞争的世界，我们可以在平行空间内找到实力相当、志同道合的虚拟玩伴，特别是在竞技体育的虚拟环境中，能够找到不断奋进、前进的目标和对手，从而激发人竞技战胜目标的欲望，使人不懈怠。

虚拟体育项目优胜劣汰，有对手竞技的空间，才能提高虚拟体育的竞技效率。在虚拟体育中，通过计算机技术和网络技术可以模拟竞争对手，根据参赛者选定的项目难度和个人喜好匹配相应的对手，或者是根据观看高水平竞技对手的比赛视频表现，通过运动数据分析来提升自己个人的竞技水平。树立了虚拟的目标，就可以快速地提升竞技者形成行为目的和练习动机的速度，减少竞技者的焦虑、空虚、抑郁等不健康心态。竞技者的真性情得到流露和表达，甚至主动与人交流，寻求对手的帮助，从而促进竞技者从事电子竞技运动的动机和心理改善，产生现实生活中难以实现的真情实感。

虚拟体育中的竞争对手可以激发人们对电子竞技的热情。在战胜对手的喜悦和奔赴战胜竞争对手的过程中，人们体验到虚拟体育的乐趣和朋辈志同道合的存在感。虚拟体育的竞争对手还可以分散竞争者的挑战注意力，从对手身上来分析和反思自己。墨子《非攻》中提到"君子不镜于水而镜于人"，以人为镜，且有目标的竞技对手相伴，虚拟体育电子竞技者找到了存在的价值，提升了参与者的自信心和自我效能感，使之更愿意去从事这项体育运动。有很多竞技者在真实世界和虚拟体育世界中完全判若两人，真实生活中羞怯的性格在虚拟体育的世界中得到治愈和张扬。快速提升竞技水平的有效办法就是与高手对决，在虚拟体育的项目中，可以选择匹配水平较高的高手来进行较量，衡量一个人的电竞水平往往看他的竞争对手的段位，这在真实的体育场景中很难实现。

获取体育战术实践的最佳方法就是获得对手的认可和尊重。竞争对手能够提高虚拟体育的学习能力和记忆能力，深刻的印象往往来自教训，有了更合理、更有效、更全面的竞争对手的匹配，虚拟体育的孤独感和社交隔离感就会得到有效解决。在竞争中学会大局的合作，在合作中居安思危，从而满怀希望，克服惰性，形成虚拟体育中独特的人格艺术品质。虚拟体育的竞争对手有利于挖掘和培养自己的好奇心，培养竞技的问题意识，体育胜利实现往往有两种形式：一是以自己擅长的方面打败对手；二是攻防节奏的转换，战胜对手。

四、"虚拟＋电竞"数字体育画像

在真实的体育项目中，对于运动员的评价往往是以人的主观感受为主要判断依据。然而技术的进步为虚拟运动的数字化过程提供了依据和客观手段，催生了参与者多维的数字画像构建，从而可以实现用计算机数据模拟，技术手段分析来综合评价虚拟体育竞技者的水平素质和潜能。体育是熏陶、感化、塑造人的运动，无体育、不人生，培养人的体育思维，锻炼人的体育机能，全面的体育素养提升、功利价值观转变，技术赋能虚拟体育。为参与者制定和描述数字画像，在虚拟沉浸环境、电子竞技流程、技术项目供给、游戏行为评价方面，增进了虚拟体育多样化，为虚拟体育参与者提供个性化的电子竞技服务支持。

虚拟电竞数字体育画像包括电子竞技参与者的虚拟体育属性、虚拟体育智力类型、虚拟体育行动风格、虚拟体育兴趣点四个方面，将电竞的过程数据化、标签化、可视化，获取游戏者的虚拟体育电子竞技锻炼时长、获胜概率、游戏风格等信息，用数据化的方式进行表示，生成数据类库，建模，进行综合画像多维评价，为选手的选拔和个人的自我评析提供参考。虚拟体育的天赋各有差异，数字化认知能力各不相同，技术驾驭的身体操作能力和电脑水平参差不齐，虚拟体育的注意力、持续力、速度阈限、操控力、心理旋转调控力、误差率、反应时等能力，在技术的实现下都可以很好地被挖掘和表达，形成电子竞技虚拟体育的有效画像。

注意力瞬脱、游戏认知表现和游戏道德判断是游戏力决胜的关键。选手在最后的比拼中，往往是细节的差异决定了胜负。数字体育画像与玩家的性格、心理特质有密切关系，如操作的精准、反应的快慢、节奏的掌握、情绪的稳定、意识的补位、策略的优化。

操作的精准是指玩家对于虚拟设备和快捷键操作的准确率，操作获得数据实时反馈的效率，如射击率、补刀率等，表现为控、跟、点、射、拉等技术指标。

精准度决定了玩家在遭遇战中的和平发育基本功，对线能力越强，操控越精准，积累的优势和胜率就会越大，对于沉稳型的玩家非常适合。人的性格有多血质、胆汁质、黏液质、抑郁质四种类型，它们对操作的精准影响各不相同。精准的操作是所有玩家都公认的电子竞技选手所具备的基本素质，但需要通过长期心理平静的练习才能得到，心浮气躁者不能进行有效的操作。

反应的快慢影响竞技者的临场判断。在实力水平相当的情况下，反应的速度往往能决定高下。不同性格的人采取的措施也不一样，如先发制人、后发制人、同时发人，不同玩家的年龄结构特征、身体素质、精神状态、心理变化直接会影响到反应。

节奏的掌握是玩家对于战场的掌控能力，日常训练的千锤百炼，只为比赛的短暂高光时刻。游戏者和竞技者相互带动节奏，谁能优先进入自己的节奏中，在自己熟悉的地域位置或熟悉的战略方法中，谁就优先占有了竞技的主动权。适应、掌控、带动节奏，如积极发展自身，积极探索竞争对手，敌不动我不动，进攻发展还是防御，选择战术进入前期、中期还是后期，都会影响到比赛的结局走向。

情绪的稳定是玩家在数字化、虚拟化的环境中，面对紧张刺激的压力的应激反应和情绪定位，直接影响比赛进程和玩家游戏性格的养成。学会调控自己的虚拟情绪，是心理素质高下的重要衡量参数。

意识的补位是玩家趋利避害的有效属性之一。通过提前构思好混乱可能产生的种种可能，做好应急预案，可以避免临危而乱。这需要玩家清晰定位自己的位置作用，明确自己在竞技时间中的变化和价值目标。玩家不能迷茫在一局又一局的重复之中，也要避免意识的固化思维。

策略的优化是虚拟体育画像中重要的指标之一，受到自身自信心、行为习惯、训练强度、核心作用、意识判断等多方面的影响，有些人喜欢选择击杀，步步为营，有些人喜欢抛出诱饵，牺牲自己，诱敌深入。

五、"NG+XR"虚拟体育健康

互联网络的发展催生了网络健身。随着生活节奏的加快，人们不仅关注身体的健康，而且更关注通过网络获取更多的健康知识和运动体育知识。以 KEEP、悦跑圈、咕咚为代表的各种健康软件层出不穷，方便了人们随时随地居家锻炼和健身，数字化展示整个运动过程。网络健康直播、虚拟体育交互锻炼、智能手环、体感交互设备、各种健身视频等数字化资源的普及为"NG+XR"的健康提供了技术支撑可能。"NG"指的是网络技术的深入和不断的更新换代技术级数，如 6G 时代技术实现了数据的无限共享和大数据资源的交换，"XR"表现为"AR+MR+VR"等各种虚拟现实体育技术。其中，VR 指的是虚拟现实，用户感觉自己处于一个沉浸或者桌面式半沉浸的计算机生成的三维环境世界中，通过头盔、立体眼镜、数据手套、动捕识别捕捉系统与虚拟世界交互，与虚拟对手进行对决。AR 是指增强现实，通过对真实世界的视觉信息的增强，构建物体重现的三维再造，实现感知的新奇性，如利用摄像头捕捉体育动作，实现图像信息和真实画质的立体叠加。MR 是指超级混合现实技术，利用全息光学投影或者超级显示技术，识别、追踪、仿真用户的各种姿势和动作细节，无缝融合用户的自由探索体验，可触、可感、可记忆全部的过程，增强了计算机对于人体健康形态和状态的数据模拟，理解实现一种思维和身体的高级呈现样态。

海量丰富的虚拟体育项目和虚拟体育健身资源，随时随地进行的虚拟体育活动和运动锻炼交互，无处不在的网络延伸给人们提供了便利的健康需求方式，还可以满足个性定制的专属私人教练需求。人们可以进行成绩的打卡，参与运动训练的竞技比赛，有效地促进了人们塑形、健身、燃脂、体育运动的需求，增强了用户体育健康需求的黏性，满足了隐私保护与体育健康的兼顾，缓解了封闭的焦虑，践行着生命就是健康的人生理念。数字化、虚拟化运动体育健康不仅可以使人们清晰地了解自己的身体状态，有效对抗血管老化、皮肤老化、年龄功能衰退，而且提供了一个健康健身的统一公共平台服务入口，极大地方便了人们对电子竞技虚拟体育的需求，在文明健康的方式中实现了生命的健康和延续。

第三节　人工智能——深度电竞人

以大数据、智能助手、物联网络、深度学习等智慧应用为代表的人工智能 AI 技术冲击着电子竞技的全过程，游戏环境发生改变，机器虚拟对话、电竞智能训练、人机交互控制等技术在极大地释放了人工游戏劳动的同时，也实现人类智慧的工具延伸和"类人性"的生命力创新。在人工智能的世界，电竞智能像人一样能有意识的思考，陪伴、辅助人类，实现人机和谐共存。电子竞技深度学习，电子竞技 AI 数据分析处理，通过计算机与机器的物质世界加深了与人自身的对话，以更加智能、敏感、周到的思维解放着人类，服务于电子竞技的世界。随着人工智能时代的到来，电子竞技的生成方式、人机协作、人人关系发生转变，在智慧化教学环境下，游戏者享受到更多自由的虚拟体育途径。

一、人的主体地位的回落

人是万物之灵，作为主体，人具有先验和独立意识的智慧，人工智能是相对关联的智慧技术客体，人类因智慧而成为主体地位，但是人类的智慧和人工智能的智慧有着本质的区别。人的主体地位具有政治、情感和社会关系的属性，人工智能通过对人工特征关系的捕捉而成为主体的附属。数据、算法、算力是人工智能的核心部分，技术之道是有一定限度的游戏应用。将技术、智能融入电子竞技中，极大地改善了游戏智能生成策略、虚拟体育知识转化策略，有效地提升了电子竞技的沉浸体验效率，实现了人的竞技智慧的提升，将电子竞技置身于一个智能化的时代。

无人驾驶的汽车、真实游戏的体验感以及完全封闭包装的电子竞技，使得玩家不知道对手究竟是什么样的人，甚至无法判断自己的游戏体验是否真实，如《黑客帝国》中，甚至还可以直接植入人的游戏经验意识。在电子竞技中，人存在的价值是什么？人工智能是否已经超越了人类智慧？早在 1997 年 5 月 11 日，国际象棋特级大师卡斯帕罗夫代表人类智慧对战机械智力"深蓝"超脑，结果以失败告终，电影《霹雳游侠》中的超脑"吉塔"可以将自身智能生命分散到网络，进而起死回生。人对于人工智能时代产生了深深的依赖感，人工智能可以对电子竞技新手进行导引和快速提升培训，能够有效预判并给出竞争对手的行动方案。人工智能是人类智慧的体现与进化，可以替代人类完成危险、复杂、机械、精密的工作，如《铁甲钢拳》中所示，人工智能可以实现规则范围内的自我进化，释放了人的生产力，突破了人类的身体极限，无人驾驶、智能客服、自由管家取代了部分人类的烦琐、笨重的工作。然而，这也造成人类的部分失业，到了"等同于人类智慧"的强人工智能时代，甚至可以替代人类的任何工作。

人工智能的主力地位也是由人赋予的。电子竞技与人工智能的深度融合是电竞智能人的发展趋势。电子竞技智能应用广泛，其主体的竞技者有自主创造性和强烈的自我游戏意识电子竞技的本质是人的游戏本性，人具有主体的游戏理性，能够对价值作出自由的判断和选择批判。而人工智能其本质是程序的人性化具身反应，注定了它不可能获得真正的自由，不可能取代人的主体地位。但是人工智能作为一种时代的技术革命，使"人—智能—技术"在和谐的张力中得到适应与协同。

二、赛事数据分析

电子竞技时代是数据和代码的时代，利用人工智能可以为教练和数据分析师提供电子竞技赛事数据分析的参考，从而提高成绩，挖掘潜力，避免失势状态，利用先进的数据收集技术和机器学习、数学统计方法，对电子竞技的赛事进行多维度分析，包括选手表现、战术策略、比赛走势等。电子竞技的比赛是对数字原生世界的呈现，通过数据分析，还可以模拟观众对于电子竞技热点的关注度情况，很多时候电竞选手的操作让人目不暇接，观众无法跟上电子竞技的节奏，通过数据回放、数据呈现和分析，让电子竞技更具有观赏性和竞技性，突出比赛效果和传播效果。数据分析还可以预测比赛走向和结果，判断选手游戏特征，减少游戏漏洞，从数据混沌中厘清思路。

数据分析还可以了解受众的兴趣和需求、选手的操作和游戏项目的不足，进而改善游戏项目的版本，提升用户的感官度和美观度，例如腾讯的《王者荣耀》就是综合分析用户游戏玩家的需求而开发的一款成功游戏。电子竞技项目的设计，不再是游戏开发者和程序设计师的闭门造车，而是可以获得数据分析的实时反馈。电子竞技游戏具有很强的带动性，从观众的参与、选手的参与、城市的发展到赛事的举办，形成了一个整体的循环系统。通过数据分析，将把所有的数据放到一起，整体考虑系统协调，为电子竞技的服务发展找出规律。

数据分析更有利于游戏推广和用户体验。它有助于设计游戏广告的投入和植入方式，进行个性化的定制服务，还可以为选手精准提供数据支持，以了解电竞营销品牌的影响因素。利用数据分析，人们可以促进电子竞技产品的营销，设计观众喜爱的电子竞技产品，美化电子竞技的界面，形成电子竞技生态的良性发展。例如，谷歌的 Stadia 的数据分析战略，将谷歌助手、YouTube 等，联合起来综合分析，从而提高用户黏性和忠诚度，成功地盘活了电子竞技市场。在电子竞技的职业比赛中，数据分析已经成了电子竞技不可或缺的一部分，包括关键得分点、失误点、游戏进程等科学的数据化考量，使得电子竞技的比赛更加科学化、智能化、人性化。在电子竞技的比赛过程中，可以进行数据复盘、数据虚拟化博弈和赛前进行数据推演。每个选手的表现都会被记录下来，包括击杀数、死亡数、助攻数、金币收入等，为评估电子竞技选手发挥水平、潜力和改进自己的游戏技巧提供参考。

三、赛事大数据保障

在数字化转型社会的今天，数据的价值不言而喻。积少成多，聚沙成塔，经久不息的电子竞技内容数据，形成海量的大数据资源，经过对大数据的挖掘与分析，可以发现相关规律，探索隐性的秘密，将电子竞技数据集进行优化，利用机器算法、深度学习、挖掘算法，将复杂的电子竞技现象转化为数据之间的模糊关联，捕捉处理非结构化的数据，并进行存储、预测、加工，实现计算机算力的优势。

利用大数据分析，我们可以实现电子竞技的异常检测，尽量减少人为因素在比赛中的干扰。此外，大数据还可以帮助设计大容量样本的观众的需求分析产品，从整体角度和人类的生态角度进行电子竞技的数据挖掘，帮助实施游戏决策和满足用户体验，通过电子竞技数据识别、过滤、提取、聚合、类聚以及可视化表达，形成整体的预测关联分析，得到正确的结论，不被局部的表象的数据所迷惑，建立统一的数据规则和数据挖掘进行预防性保护机制，大数据分析技术的提升为电子竞技海量数据的挖掘，高效的、精准的处理能力和风险的防控能力提供了客观的数据分析支撑，有效规避了游戏行业风险。

四、云服务

技术赋能电子竞技产生了海量的大数据，而大数据的存储和快速有效的利用离不开云计算和云服务。云计算和云服务将电竞设施 IasS、数据平台 PasS、技术软件 SasS 三者合一，起到非常重要的作用。随着服务器算力的提升和互联网络"上行、下行"的双重提速，云服务为电子竞技 AI 提供了高速无延迟的实现环境，电竞云提供可进化的资源库、精准陪练服务、虚拟协同通信等内容，可以自由地保存和更新内容，不用携带沉重的数据资料，易于数据的有效存储和计算。同时，云服务打通了不同的电子竞技产品的规则一致性和概念一致性壁垒，便于电子竞技大数据的集群化、虚拟化处理，节省了用户购买电子竞技数据服务的硬件投入和数据维护云服务成本，更易于流水化作业。

统一管理、超级存算分离、时分容器复用、云细度切分、云边缘自治、云服务器平台的运营，打破了数据的数字孪生、按需供给、云端管理和统一服务障碍。24 小时不间断服务，让玩家摆脱了时间的限制，做到电子竞技数据的随心所欲，数据分析得更加全面，增加了数据管理的灵活性，安全稳定的运营通信网络、强大的智能算力，让电竞云从容应对了电竞中各种复杂的大数据任务。

五、人工智能生产力

2022 年 11 月，OpenAI 推出的 ChatGPT 点燃了人工智能高效应用于生活的热情。人工智能源起于人类的智慧，机器的自我进化又实现着人类智慧的超越，如很多反映人工智能的电影《鹰眼》《机械公敌》《黑客帝国》，都在描述和反映着人工智能具有超强的生产力，能够反哺人类的智慧，优化人力和时间资源配置，还能够以超强的广泛视野推动工作的不断创新。人工智能可以从根本上改善劳动工具，甚至成为人工智能角色体，成为生产力的助推器。人类都有训练解决问题的能力，但问题的关键是发现问题的方向需要视野和技术，人工智能和人类是合作、共生、融合的关系，受"主体—人"的支配，为人服务，人工智能给人类带来了挑战。

人工智能为科学、技术的飞速创新提供了原生动力。从技术方面看，人工智能具有颠覆性的作用，成为质料生产力的引擎。实践是人类社会的本质，要认识人类社会及其发展，就要全面把握生产实践的系统。数字社会时代的生产力以虚拟化、网络化、智慧化技术实现为表征。虽然智能机器没有社会性，但是科技创新引发了社会的爆炸式变革，实现了深度融合、多面复杂、全面产出。数据生产成为关键要素，推动了生产工具、生产资料和生产方式的高质量发展。在短短的几十年时间里，创造了人类科技文明史上的辉煌，促使符号、数据、语言不断进化，从人的主体本质上重构着人的劳动方式、组织方式和社会体系，促进了人类命运共同体的相互融合，构建了开放、公正、高效的人工智能生产力共同体。

第四节　未来竞技场——沉浸环境电竞

技术的发展赋予了电竞无限的可能。在人与技术构成的双向度和谐中，未来的电子竞技场注定是人性光辉的荣耀生存运动，沉浸环境登堂入室，技术学习改造困境，实现价值之维，突破人体思想意识和身体的限制，生生不息，电子竞技有着新生的生命力。

一、技术价值之维

科学技术是第一生产力，技术促进了人类社会文明的进步，帮助人类更好地认识自己，实现人生梦想。电子竞技的技术是人类认识和改造电子化体育的一种本质力量的体现，以一种电子竞技解蔽的方式呈现。电子竞技技术的价值的本质意义在于促进人的游戏的本质的发展，人的发展是电子竞技技术的价值之维，人的发展既是电子竞技的价值起点，也是电子竞技技术价值判断的依据与准则。电子竞技的技术是游戏器用的工具理性和体育价值理性的统一，使人类明白游戏与美好生活的至善、至臻、至美。

技术应用到电子竞技之后，电子竞技也会对技术进行选择、改造、重构和限定。应用到电子竞技中的技术，同样也会进行演化、进阶。在技术整合到电子竞技的过程中，游戏、体育和生活成为电子竞技中的一部分，这个演化周期包括价值的判断、选择：技术引入电子竞技领域—电子竞技项目开发二次应用—技术整合与推广共享。这是一个从低级到高级、从简单到复杂再到简单的过渡过程，电子竞技的技术演化是一个伴有突变、停滞、耦合、自适应、混沌等一系列特征化的依赖进程，技术越来越复杂，功能越来越强大，但是使用技术却越来越方便，简单实用。

二、技术自由王国

技术的未来总是在历史的写照与现实的基础上，被人类共同创造出来。马克思指出："自由王国只是在由必需和外在目的规定要做的劳动终止的地方才开始，物质生产领域始终是一个必然王国。"技术的自由王国只有建立在必然王国基础上，才能不断发展去完善繁荣①，人类既受到劳动的自然王国的制约，又可以发挥主观能动性，通过技术的实现超越这种限制，迈入到人身、才能全面展开的自由王国。人在技术领域的活动是由必需和外在两个方面的因素所驱动的世界劳动，是人类维持自身生存、发展与绵延的自然必然性，这是人通过长期的进化和社会历史使命完成而积淀的技术潜能，需要作为人的清醒的自觉。自由时间的支配、自由技术的繁荣，也必然依赖于人类在解决完衣、食、住、行等基本物质生产活动的基础上进行的。电子竞技技术自由的王国，要满足人的物质需要和游戏品鉴，使得技术能够为体育实践的活动提供至善的服务，走向人类电子体育，身体健康的真、善、美的统一。

随着技术生产力的不断完善，剩余劳动和剩余技术价值出现，电子竞技技术才会有游离出自由的体育时间、游戏时间的自由发展。在对立统一中，技术社会实现了艺术、科学、人性的追求。人是未来社会的创造者，立足技术的社会进化，技术争取人类自由，技术是通向自由的阶梯。要达到以最小的代价获得最合理的摆脱与调节，需要靠先进的技术社会制度、人的技术意志和高度发达的技术形态，以人性的完善为基础，充分利用技术展开生命意义，实现生产效率的提速，使自由的技术成为人类解放的主要手段，实现人性善良的自由进化，社会发展的自由进步，技术造福的自由进步。

三、双向度的和谐

人的发展有肯定技术现实和否定技术现实的两大向度，技术工具的大肆扩张抑制了社会的批判性思维，人们更习惯于在电子竞技的技术中去沉浸和享受，成为单向度的人。美国哲学家马尔库塞在指出社会中的人有两个维度，"一是肯定社会现实，并与现实社会保持一致的向度，二是否定批判和超越社会现实的向

---

① 蓝志勇. 论社会科学研究评价的基本原则［J］. 求实，2017（3）：4-15.

度"①。而在电子竞技的理想技术社会中，不仅要有丰富的技术财富，享受全面的物质支撑，而且要实现人的自由、充分发展，能动改造技术，完成电子竞技技术双向度的和谐。

电子竞技技术的双向度表现为电子竞技文化向度和电子竞技工具向度：文化向度指向人自身的全面发展的价值实现，即游戏和体育价值的肯定性；工具价值指向电子竞技技术要合乎体育的发展规律，成为人类表达健康和身体诉求的合理工具。技术双向度的和谐，需要按照审美和功利两个原则：一是电子竞技技术作为单纯意义上的工具，需要满足人的功利心的实现，去不断地适应和享受技术；二是在审美层次上满足人的自由全面发展，去不断地创造和否定技术。电子竞技作为一种时代社会的重要实践和交往活动，与社会的认知变革息息相关，人不再受工具的奴役，人不再是物化的工具，人们对电子竞技的认知情感和体验逐渐理性化，回归了双向度和谐发展的本质。

四、技术的学习力

人之为人的主动性源于其不断提升的学习能力。人在技术中生存，利用技术改造和适应外部世界。技术的本质力量离不开人类的实践和认知活动，技术在人的学习活动中所表现出来的力量就是学习力。电子竞技的学习力存在于人类体育和游戏的自身，直接影响着人类时间增长，自由发展和生命能量的获得，技术的学习力是赖以生存的本质力量，无形无色，技术学习力的生成以潜在的方式存在，外化为技术的不断进步形态，使人善假于物以自学，而且处于时代的变化中，是全人类共同努力的结果。电子竞技环境中技术成为学习力，表现在人的力量和外在力量的统一，化身为技术的个体性与社会的全面性，技术的时间性与主体的空间性的统一，最终受到社会的认可。

电子竞技行为和活动的生成是技术学习力的结合结果，技术实践对人自身身心的媒体感官进行了改造。在技术实践的生成过程中，人的本质力量得以生成和展现。生命的意义在于运动，电子竞技技术的意义在于技术的生命实践。人的本质力量是在技术的学习过程中，不断与自然社会进行的物质和能量信息的交换。

---

① 杨金沙. "单面人"与"全面人"之争锋——单向度的人与全面发展的人的思想的比较分析 [J]. 广西青年干部学院学报，2012，22（3）：4-6.

技术的升级体现了人主体性的提高。技术学习力的生成离不开人主体的生理条件，而人的健康与体育游戏的活动密不可分。随着人不断生成新的学习力，技术也在发展。学习活动由学习对象、学习工具、学习者三部分组成，技术成长为学习的工具，电子竞技成为技术学习力的展示，加涅将学习结果分为认知、动作、情感三个领域，即技术的语言信息能力、智力升级能力、技术的认知熟悉策略，动作技能和态度的学习强化，最终技术学习力的提升，促进了生产力的提高和效率的加速，从而影响人类对于电子竞技的开发和利用，形成人与自然、人与社会、人与电子竞技的相互和谐关系。

第五章　以道驭器：
电子竞技教育案例实证的价值实践

教育作为一门科学，其科学性不在于寻求学科中一致的客观特征，而在于寻找各种系统的探究方法，无论哪门学科的方法，只要能使人们更好地解决教育，教学和社会上的问题都是适当的。

——杜威

电子竞技运动的兴起、流行，升华为教育，促进人类将生命游戏的天赋作用发挥出来，健康成长，实现了生命个体自由的和谐。在由自然人向社会人的转化中，电子竞技教育履行了责任和义务，涵养了生命的意义价值。电子竞技学历教育、高层次教育以及职业教育，可以为电子竞技行业输送更加优秀、高素质的人才，引导社会，引导青少年正确认识电子竞技的价值，从而推动电子竞技行业生态的良性发展，帮助更多的青年人实现电子竞技的梦想，规划自己的电子竞技人生，实现生命价值的意义凸显和游戏人生的本性自然。通过大众化和高等化的教育，可以使社会正确认知电子竞技教育概念，形成电子竞技文化，对电子竞技文明进行有效引导，促进电子竞技的持续健康发展。

教育产生知识劳动力，推动社会正能量的发展。电子竞技教育，需要从认识论和价值论的角度形成一个跨学科综合的教育体系结构，有效解决如何培养电子竞技人才、培养什么样的电子竞技人才、为谁培养电子竞技人才的核心问题。人的发展是社会综合立足的根本所在，人生命意义的释放在教育中自证、自为，获得社会依赖感和存在感。我们需要结合电子竞技运动、游戏、体育社会文化发展的特点，不断优化完善电子竞技教育培养方案，依托于电子竞技社会实践，促进人生命意义的展开和全面发展。优化电子竞技教育的目标价值导向，科学、合理、有效地利用游戏之器用价值和技术的改造、创新能力，在电子竞技教育培养方案中，从教师、学生、课程三个核心要素入手，注重电子竞技技能的训练，加强德、智、体、美、劳的综合电子竞技素质提升，不断优化课程设置，建立就业创新目标导向，实现电子竞技教育师资，学生电子竞技能力的综合培养，旨归于人的全面发展。

第一节　电子竞技培养方案

电子竞技专业的全称是电子竞技运动与管理，涉及电子竞技运动、电子竞技管理两个维度，作为一种教育和管理的属性载体，电子竞技承担了社会需求、经济建设、人的发展满足诉求。社会曾普遍认为电竞是游戏的宣传手段，是游戏厂商的市场行为，但是当电竞出现了电竞正规化的职业，电竞教育已经成为正常的人才培养过程，高质量的教育带来的是体育精神价值追求、电子体育的身体健康和游戏教育道德的和谐自由秩序新阶段要求，电子竞技人才培养教育更关注人性的游戏之"善"，实现技术归位、角色个体施展、社会需求满足三个层面的体育价值追求。随着电子竞技教育的有效开展，电子竞技融体共生、教育先行，在体育个体、数字化社会体育群体间实现电竞体育的"善、生、融体、促教"教育准则。

一、电子竞技人才培养模式

电子竞技是一项体育运动，电子竞技专业具有教育的要求，注重对人的培养，电子竞技人才培养的模式以电子竞技游戏项目的要素演化为内容，坚持高素质、创新性应用型人才培养。从游戏实践和电子体育事实出发，发挥社会、企业、家庭、高校电子竞技综合梯队合力，全方位满足电子竞技运动和人的全面发展的培养需要，学生毕业后主要从事电子竞技产业中赛事策划组织与管理、企业与俱乐部运营管理、电子竞技文创产品与市场推广、电子竞技游戏项目设计、电子竞技文化传播、虚拟体育数字化运动推广、电子竞技新媒体运营、电子竞技教育培训，可持续良性传媒发展等方面工作。

电子竞技教育选择模式包含学校、企业、家庭三个主体，实施以训促学、以赛践学、以育强学的教育步骤，融合体育与游戏、智慧与运动、人性与理性的内涵式特征，促进电子竞技教育高质量的实施。学校是电子竞技人才培养的主要阵地，包括职业教育、高等教育和技能培训教育三个层次。电子竞技具有游戏和体育的技能属性，学生可以通过九年制义务教育正常高考升学选择，也可以通过具有电子竞技技能专项的选拔机制筛选，两种思维方式培养模式略有不同。不管以怎样的方式进行学生素质的综合培养，除了符合基本教育规律的公共课程外，电子竞技游戏素养和电子体育综合素质是教育的必备内容。

职业教育的学生可以选择就业，也可以选择深入高等教育，继续深造；高等教育的学生可以选择就业，也可以选择继续高层次电子竞技学历的学习，如考取研究生，从事电子竞技相关科研工作。目前，国内高校相关电子竞技研究生的研究方向主要是从其他学科和专业进行电子竞技对象化的研究。从继续高层次教育的角度考虑，国内应该加大电子竞技硕士和博士的培养。在学校进行学生实际的培养过程中，充分利用电子竞技比赛、电子竞技技能、电子竞技体育激发学生的本身兴趣，使学生更加清晰地认识自己，以训促学、以赛践学、以育强学。电子竞技教育的最终目的不仅仅是实现游戏的教育化和游戏的产业化，更多的是人性的体育教化。将游戏以电子的形式融入数字体育中，可以展示竞技的魅力与人生存的智慧，成为技术的主人。智慧化的体育运动，输送高质量的电子竞技教育高等人才，促进社会电子竞技文化的广泛认同，展现生命意义的精彩，实现电子竞技文化素养社会的全面辐射。

电子竞技的培训任务主要包括三个方面：一是对具有电子技能的学习者进行电子竞技综合素质的提升和电子竞技文化素养的教育；二是对爱好电子竞技的学习者进行电子竞技技能各方面的专项训练，以提升文化档次；三是对热衷于电子游戏的玩家进行电子竞技相关体育竞技意识和能力的补救教育。电子竞技作为一项体育运动，对于电子技术的操作和电子体育的竞争对抗具有强烈的技术依赖性，面对正常成长和准备高考的学生需要投入大量的技能训练的授课培养精力。高等教育的电子竞技运动与管理专业的学生，不是以培养电竞选手为主要任务，但是可以实现电子竞技运动选手的选拔和电子竞技运动选手的继续高学历教育双轮驱动，甚至在条件成熟的情况下，可以把电子竞技技能认证作为一项体育技能进行专业等级的划分，在职业运动员入职前进行电子竞技技能的测定，取得国家一级运动员认证或国家二级运动员认证。取得技能认证后，方可参加电子竞技运动与管理专业的报考，或者将电子竞技运动与管理专业分层次培养，分为技能主战型进行体育运动员式培养和学习素养型进行电子竞技社会产业人才培养。

电子竞技运动具有非常强的实践性和操作性，电子竞技产业火爆式发展的原因在于社会的不断认可、经济价值的不断创造。在此过程中，玩家的体育游戏情感得到释放。随着企业的深入推广，高质量的电子竞技教育成为必需。企业是在社会阵营中电子竞技教育的重要一环，包括电子竞技俱乐部、电子竞技游戏厂商、电子竞技传媒、电子竞技各种商业，电子竞技教育的目的不仅仅是直接服务于资本，还注重人的全面发展。企业在电子竞技教育上应注重电子竞技文化导向的引导，在获得电子经济收益的同时，关注更多的电子竞技公益活动，加大教育事业的投入，在电子竞技运动员培养、电子竞技运动服务相关岗位的培训和培养中注重人才培养的梯队建设，带动电子竞技人文环境和城市文化建设，树立良好的电子竞技选手形象，不断解决和完善电子竞技选手退役后的余热作用发挥。企业还可以通过制定行业教育规则，为电子竞技学生提供实习和实践的空间，规范和反哺更多的电子竞技教育投入，合理分配和形成电子竞技收入的均衡化发展，让学生学有所用、学以致用，从而促进社会的认可。

家庭是社会的基本单位和学生成长的第一环节，应该合理地认识和引导青少年从事电子竞技事业。从业余化休闲娱乐和职业化体育竞技视角看待电子竞技教育问题，通过约束、管控，培养人们对于电子竞技教育的认同感、主动感，同时进行电子竞技游戏运动的合理投入，形成家庭、社会、学校的人才培育合力，要不断提高对于青少年电子竞技科学游戏管理的责任感、道义感和采取合理沟通的有效手段。

在社会方面，需要不断更新和完善电子竞技的相关政策和加强育人环境建设，通过电子竞技信息网络和技术手段，对电子竞技行为方式进行有效的监管、分析与观照。积极开拓线上电子体育，线下虚拟体育，电子竞技体育运动会促进人的生命自由和健康的和谐舒展，加大电竞教育的投入、正向引导宣传和管理模式的不断优化，进一步明晰电子竞技事业管理的责、权、利，从体育育体、电子竞技益智、教育育人角度提升电子竞技教育的价值定位。

二、电子竞技人才目标培养的层次定位

电子竞技专业的人才培养以掌握电子竞技技术新技能、促进电子体育生命健康，实现人的全面发展为目标，涵盖学生电子竞技的德育、智育、体育、美育、劳育，五育并举，实现游戏之器和技术之道在教育化人、电竞感人、体育启发人的善的自由和谐。电子竞技教育人才需要了解电子竞技运动发展的内涵原理与基本规律，掌握游戏与体育的关系，从管理学、心理学、教育学角度熟知电子竞技产业流程链的各个环节，以及所需要的技能、知识与方法，具备开展电子竞技运动教育培训与全过程管理的能力，具备电子竞技项目游戏开发、电子竞技媒体设计、电子竞技文化传播和电子竞技心理学常识的经验分析，能够从事电子竞技赛事策划组织与管理以及企业与俱乐部运营管理，具备一定的电子竞技天赋才能，具有比较灵活的电子竞技操作技能，能进行电子竞技创新创业、知识迁移、体育能力、教育素养综合素质产出的创新性应用型人才。

电子竞技专业人才需要具备基本的社会主义核心价值观，理解生命的自由与人的全面发展的意义、游戏的产生过程和体育的架构关系，热爱祖国，具有高度的社会责任感、良好的敬业精神、较强的自律约束性和创新能力，遵纪守法，诚实守信，有一定科研潜力，遵守职业道德规范，具有人文素养底蕴、科学精神和可塑空间，能独立地完成电子竞技任务，具有诚实守信、良好的人际沟通能力、积极的人生态度以及健全的心理素质。

电子竞技人才应掌握和自我学习有关电子竞技产业发展的方针、政策和法律、法规，了解数字体育、虚拟体育、未来体育运动会、数字化游戏健身、游戏技术化发展与电子竞技产业的最新动态，具备电子竞技运动不同项目的熟悉度和中等水平项目分类的技能，具备管理知识、教育知识、心理学知识，掌握从事电子竞技产业相关工作的必备研究科学方法，能够对工作中遇到的复杂问题进行独立的综合分析，并提出相应解决方案。电子竞技人才还需要有一定的电子竞技赛事组织、电子竞技实际训练、电子竞技运动员和电子竞技教练体验的经历，熟悉电子竞技职业的各个环节，具备电子竞技项目编程，电子竞技全体媒体策划、制作、运营和传播丰富的电子竞技从业经验，有一定的电子竞技作品和对电子竞技项目的专业理解，在负责的专业领域能够独当一面，有良好的心理素质和抗挫折能力。

电子竞技人才需要能够进行自我游戏约束和控制，有强烈爱好电子游戏和从事电子竞技的欲望，具有数字化空间的生存能力，吃苦耐劳，掌握体育促进健康的手段和方法。其能够主动对接社会、协同创新、发挥个体特色，具备一定的媒体制作、文章写作、英语读写能力，具有较强的团队合作意识，能够与人融洽地相处，合理表达自己，有责任感，负责沟通和协调工作，能够与团队成员和谐相处，协作共事，并具备一定的领导力和职位胜任力，在工作活动中发挥积极作用。他还需要具有追求自我人性的完善，积极的上进心，强烈的学习意识，具备一定的自学能力，有较强的自我管理意识和终身学习的电子竞技专业发展意识，及时关注国内外电子竞技产业发展动态，有效实现自我生态、可持续发展。

三、电子竞技教材的编修

国家体育总局将电子竞技运动定为体育项目，游戏数字化、体育化、竞技化的发展速度飞快，目前在电子竞技运动与管理高等教育上具有教育和体育的双重属性，且由国家体育总局负总责，形成多社会层次共管的专业发展局面。电子竞技人才培养的供给要满足社会不同电子竞技产业、不同电子竞技职业和教育行业的需求。随着电子竞技运动在全球范围内的快速普及，作为互联网时代和智能物联网技术时代的必然产物，电子竞技教育的核心也要回归人的健康、全面发展。在电子竞技教材的设计中应涵盖电子竞技的技术文化、经济文化和社会价值的相关知识理论，同时还要涉及电竞历史及游戏体育自由原理。

游戏的本质在于促进身体体育、物理属性的休闲化运动，产生舒适的人性生命舒展，是一个趋利避害的过程。游戏之器和技术之道本身是无主观意识的存在，关键在于如何看待使用和作用的目的意义，电子竞技的运动指向人的生命意义。电子竞技教育应赋予人正确认识电子竞技运动的意识，督促人实现电子竞技有效引导的概念，进而实现人从事电子竞技相关过程的存在正向价值的发挥，是电子竞技教材编写的遵循。

人的知识学习分成两种：一种是专业知识能力，可以快速地适应和转化，用进废退，在不断实践和应用中去总结经验，获得成熟；另一种是显性生存学习能力，是内生和创造的动力，表现为对教材的领悟，触类旁通，对人生的顿悟，绽放光彩，在不断选择和放弃中去迁移学习。教材只是两种能力的学习材料和依据，更重要的是如何通过教材来不断地进行思考、反思、成长，学而时习之为至善。

将德、智、体、美、劳及人的全面发展融入电子竞技系列教材编修的全过程，更多的是从教育的角度去理解电子游戏和电子竞技体育运动，教化人的知识传递、态度养成和人生对待方式选择。教育涉及教师、学生、教材和过程四个方面，是知识、能力、情感、智慧的文字表达，特别是电子游戏对社会问题的影响日益突出，人们对于电子竞技的认识趋于理性。电子竞技运动与管理系列教材要特别注重针对青年人价值观和生命意义、体育健康观的培养，正确传达电子竞技观念，将学生塑造为电子竞技行业的栋梁之材和成为对社会有用的人。规划自己的职业发展路径，实现电子竞技梦想，减少电子竞技的负面影响，真真正正从人才专业结构供给和高素质电竞技人才培养方面，提供相应的教材、教学服务。

电子竞技运动是一个产教融合、实践性较强的学科，教材的编写要与时俱进，不断与市场需求对接，将教学内容与电子竞技职业标准对接，在整个教材的编写过程中与电子竞技文化生产对接，全面提升电子竞技专业人才培养的质量。电子竞技的相关教材应该从认识论出发建立跨学科综合的教材体系架构，可以包含三个层面的组成部分：一是电子竞技运动、游戏原理的概述组成原理部分，包括《电子竞技导论》《电子竞技文化概论》《电子竞技产业生态》《电子竞技全媒体设计》《电子竞技场景设计》《电子竞技赛事内容制作》《电子竞技联盟运动管理》《电子竞技与体育游戏》等；二是电子竞技教育模块，包括《电子竞技赛事》《电子竞技俱乐部经营与管理》《电子竞技心理学》《电子竞技消费心理学》《电子竞技运动康复学》《电子竞技教育学》《电子竞技传播学》《电子竞技场馆建设》《电子竞技职业生涯规划》《电子竞技商务英语》《电子竞技团队建设》等；三是电子竞技技能模块，包括《电子竞技发展史》《电子竞技训练方法》《电子竞技项目设计》《电子竞技游戏解析》《电子竞技战队战术分析》《电子竞技数据分析》《电子竞技 IP 运营》《电子竞技用户分析》《电子竞技赛事编导》《电子竞技专项》等。

四、电子竞技劳动与人的全面发展教育

电子竞技本质上是一种游戏的体育运动与人身体的全面劳动，在技术网络阶

段的体现，通过现实技术与电子技术的交互，延伸到虚拟的网络空间，形成人与人、人与游戏、人与体育之间特殊形式的"教"和"育"，促进人各方面机能的锻炼与展现，实现才能的物尽其用，游戏天赋能释放人的自由，还原人的本真，奔赴人身体健康的美好、生命的"向善"。教育的意义旨在促进人的全面自我认知、生成与价值发展。

（一）优化电竞技术，注入实践理性，实现人机协同育人

体育是身体的运动，求真、求美同时包含着求善的目的，体育教育本质是以人为本进行身体竞技和体育精神传承，实现技术智能与电竞的结合。技术的"善"旨在助力电竞趋乐避苦、实现自由，电竞技术的"善"则是符合电竞教育发展的规律，符合社会发展要求，有利于人类文明进步、竞技价值和身体健康的人本原则。实现人机协同育人，学校对接社会需求，集聚体育特色，注重电竞实验场景的德育，从而为社会培养更多向"善"的电竞人才，把握虚拟体育的未来。

其一，要打开格局，突破技术瓶颈。企业应在原有技术基础上融入电竞故事和人物角色的设计，在技术中去游戏化、去暴力化，融入体育精神，将体育道德价值和原则嵌入电竞项目中，可以在电竞故事叙事设计和脚本产品中预设道德成分，把以人为本、传统文化元素、公平竞争等重要道德价值和准则以机制的形式嵌入电竞项目中，利用游戏情感共情设计、心流体育效应实现体育道德和道德素养的提升，通过人机双向反馈、协同大数据行为分析，在平等和沉浸体验中，实现电竞教育的和谐育人。教师适时引导，用电子竞技的体育沉浸和心流体验浸润体育的育美责任。

其二，道德是一种社会意识，又是实践的，是"人为自己立法"所形成的价值关系。电竞游戏项目技术入门门槛较低，很多人不易区分游戏电竞和体育电竞的异同，只是一味投身于电竞的热潮中，在手机智能终端、网络计算媒介和器械中模拟体育的竞技乐趣。电竞劳动实践理性能调节人的体育活动，完善人格，成就社会和谐，其不仅在以电竞为主的教育中灌输和建立师生间内生规约和行为遵循道德，合理理解电竞体育的价值追求，体现虚拟体育的竞技精神，缓解技术层面体育道德问题，而且在实现技术主体和电子竞技的体育道德共同体中注入道德的角色、虚拟的体育故事情节、体验感强烈的体育竞技运动以及体育英雄人生榜

样，这些都可以感染电竞者，使人机和谐共生，实现以体育为目的的共同道德诉求。在电竞教育完成的同时，加强体育身体实践、体育素质和电竞修养教育，建立实体体育项目学习和虚拟体育项目竞技的连接。个人的内在德行对于电子竞技的健康发展至关重要，因此我们要建立内生规约，通过教育、体育、教化和交互的形式养成体育道德，树立学生个体向"善"融"体"的意识，不断提高职业道德水平和道德素养。

其三，健全外在电竞教育监管和预警技术层面的体育道德问题。要实现人的全面发展，发挥主观能动性，在师生电竞教育，角色协作的操作实践层面，应设置监管环节，在电竞竞技运营比赛中设立道德监管机构。特别是发挥国家体育总局、电子竞技行业协会、电子竞技产教联盟、电子竞技校商联盟的作用，发挥健康校企、电竞俱乐部领头雁的合作效应，积极监管电竞的非体育行为。一是从政府、俱乐部和校企三方面将监管技术应用于电子竞技的体育道德约束，特别是电子游戏项目运营主体、游戏竞技责任主体、赛事运作宣传主体，明确权责归属。在教育层面主动开发电子竞技教育教材，而不是简单地将学科移植嵌入到电竞专业中，从而进行体育项目特色的电竞探索，深度融合进体育道德的约束范畴。二是电竞项目公开和演进机制，建立家庭、学校、社会、个人四位一体的电竞道德责任意识，区分游戏项目本身和电竞体育的特征，由政府将电竞项目以立法、立规的形式进行统一规范。广电对于电竞游戏和电竞体育的宣传及时规避和合力推送，在政策经济等方面给予电竞场馆运维支持、电竞青训人才选拔支持，对不合理的地方及时优化，由政府、学校、商业和社会四个层次及时研判电竞风险，承担监督职责。

（二）赋予电竞角色，提供价值范导，生成绿色教育生态

游戏自古就是体育的源头项目。随着信息技术进程的加快，电子游戏产生，并衍生出电竞体育行业。体育游戏和电子游戏有本质区别，电竞并不只是游戏电子化的结合。电竞教育应肩负起电子竞技的社会责任和体育责任，增加电竞体育道德主体意识，在家、校、社会间寻求体育道德的平衡是防控电竞经济与教育背离而产生道德风险的有效策略。电竞教育在于研究电竞的内涵发展范式，进行科学电竞理论探讨，引导电竞主流文化，培养电竞人才，形成电竞体育归属的教育

传播和体育信息素养环境，具备界定电竞定义、游戏少年劝导、电竞选手选拔前的青训素养德行教育、电竞选手选拔退役后的继续教育，如实现大学生电竞选手的职业化选拔、退役选手的高等教育继续深造等。电竞角色"善"是电竞教育走向社会应用的体育实践表征，是进行青少年电竞沉浸引导的手段，旨在促进电竞个人主体的德行良知向好发展，提供社会主义核心文化和中华传统优秀文化的价值范导，蕴养电竞的文化积淀，培育电竞的教育生态，生成绿色可持续发展态势。

劳动和人的全面发展影响世界，通过行动实现知行合一是检验标准，体育道德把外部的电竞行为倾向和行动约束转化为内部文化、道德趋同自觉和内省遵循，进而成为电竞参与主体的价值取向和世界观。明确学生主体道德责任，鼓励学生加强真实和虚拟空间的情感交流，具身认知"电竞—游戏—体育"的精深，消除情感冷漠和对话冷暴力，提升电竞主体的职业道德境界，树立以人为本的价值范导。当企业利益、个人利益、社会利益与体育价值发生冲突时，应以体育价值为主导，回归公益的体育竞技本质，构建基于价值追求的目标理性范导，追求的是自身竞技水平的提升和道德修养的完善，强调电子竞技技术和手段仅仅是体育项目电子化、数字化、虚拟化竞技的过程载体，技术主体要回归体育的德行良知，向"善"、向"生"，生生不息。

电竞教育事业的属性决定了体育道德是不可或缺的组成部分。无论是教师、学生还是电竞从事者，都要关注电竞的质量。电子竞技是体育一脉意向融通的共同体，二者应然道德关系不是二元对立，而是协作互相成就，在完成电竞经济利益的同时，提升道德水平。教育者将电竞公平化凝实为体育道德品质，教育者本身一定要具备体育道德修养，厘清对待电子竞技的态度，在积极发展的同时审慎处理，缩小家长、社会对于电子竞技的偏差认识，帮助人们理性对待电竞在教育和体育中的定位，进而运用体育的道德动力，将电竞的优势提升和教育公平利益关系协调好。教育者应坚持体育诚信，完善体育道德激励。

教育追求的是公益，体育追求的是公平，竞技产业追求的是资本，职业联赛追求的是利润最大化。作为社会化行为者，需要承担责任，加强环境治理，关注道德、劳动价值和人的全面发展，构建健康的电竞市场秩序，使道德转换为一种隐性资本，增强企业、厂商、学校的口碑，将电竞教育真正融入体育范畴。

（三）完善电竞规约，纯化外部环境，促进体育道德

电竞时代个体至善之道不仅依赖于德行良知的养成，更依赖于交互的外部道德环境和价值追求，尤其是电竞的项目特点致使电竞的影响主要是青年、年轻一代的价值道德。少年强则国强，少年志则国志，提升个体内在电竞体育道德意识，为电竞体育竞技实现"善"的内在驱动力，唤醒教育者的良心，使教育者恪尽职守、爱护学生，积极学习和反思电竞的教学自觉，不断开拓体育知识的积累。道德的基础是精神的自律，让学生养成体育自律的坚毅品格，融入体育公平、敬业、竞技的精神热爱，提高学生电竞信息素养和身体健康水平，增加现实和虚拟的电竞体育互动活动。

完善数字经济时代电竞道德制度规约机制是实现电竞体育道德"善"的外在保障。体育道德能规范外部社会秩序，营造好的外部环境。完善教师的体育道德修养水平与教师道德教育责任机制，需要定期和不定期对教学活动的体育道德问题进行梳理、讨论。校企联合，电竞俱乐部联合，同行参与，与体育学科老师、电竞教练一起深化电竞教育的体育道德认识，增加教师和学生课堂之外的电子竞技活动互动，促进教师回归教书育人的教育初心。设立一定的奖惩机制和问责制约，提高教师参与电子竞技的积极性，鼓励高水平的电子竞技产学研一体成果，提高整体学术水平，形成电子竞技在体育领域发声、文化引导的外部环境的系统教育理论体系。

就学生方面，教育者要完善学生电竞学习和道德的教育机制，加强团队间合作的无间交流，形成监督规约，提高学生知善恶、分美丑、辨是非的能力、由他律到自律的体育道德内化和体育德行外显，在情感激励、道德生活中找到电子竞技的归属、自信、阳刚和荣耀感。

电子竞技产业经济繁荣，在世界范围内成为经济推动的绿色发展主流电竞游戏区探究游戏道德后的体育道德实现，将文化、规制、劳动、德行教育融入电竞，实现电竞教育的健康发展。

在电竞教育应用中，应以体育道德为规约，处理人际体育关系、纯化外部环境，以维系体育向善的游戏和竞技规则，形成良性"人—机—体"的关系，促进体育公平、和谐的价值意蕴实现。有了电子竞技的教育，建立电竞信用制度，营

造讲信誉、讲公平、讲秩序氛围。明确外部环境的体育职责，积极筑牢体育诚信，制定电竞帮扶优化政策，建立道德平台，多方监督，确立良性的电竞社会关系，规范经济利益的分配，从而提升电竞人的体育素养，形成道德教化，推进电竞教育育人的全面深化发展。

第二节　电子竞技课程设置

重教尚学是中华民族世代相传的优良传统，电子竞技课程融入科技、游戏、体育的时代元素，兼顾体育强国和教育强国的发展责任，尊重电竞教育和体育生命发展规律，以学生个体培养为主线。在数字经济时代，东西方体育文化已走向融合，电子竞技走向国际化视野，电竞教育的体育价值抉择面临着前所未有的机遇。以人为本，讲究实用、效率、"向善、向生、融体、促教、育人"的电子竞技课程设置原则，加强电竞教育的体育课程设置和动态调整建设，以中国式现代化树立正确的体育课程观，以完善电子竞技课程设置治理体系。

电子竞技的课程设置是按照电子竞技教育培养人的目的和培养目标要求、制定相应的课程大纲、编制相应的课时标准、安排相应的课程搭配，通过教师、学生、教材与环境的知识、情感、技能互动，实时开展的课程计划，进而全员、全方位、全环境形成电子竞技人才培养的生态教育教学环境。体育让人健康快乐，人的生命意义实现均以人的身体健康为基础、思想健康为指引。电子竞技专业课程的设置以实现电子竞技人才高质量培养和全面发展为目标，体育侧重身体运动，具有育体、育智、育德、育心、育美的功能，是个人与他人，个人与自身，个人与集体、个人与社会关系的行动、道德交集。在求趣与求胜中，寻求真的善，感受荣辱、正义，成就电子竞技的真、善、美，已经成为教育基本的教学和生活范式。

一、学分配置选择

对于学习活动来说，兴趣、自驱、内在动机的激发是最好的老师。学分制是一种以学分为计算学生学习量的单位，通过弹性制的学习，并以学生取得的学分作为衡量其学业完成情况的教学管理制度，它规定了学生需要获得多少学分才能毕业，学生可以根据自己的兴趣和能力自由选择课程。目前，电子竞技高等教育普遍采用学分制，最大限度地发挥了学生的主观能动性和充分利用了课余空余时间，因材施教，提供丰富可供选择的课程门数，让学生更灵活地规划自己的学习路径、学习进度，对自己学习负责。学分制度促进了教学资源的合理利用，避免资源浪费，充分发挥了教师的指导作用和学生的主体地位，满足了学生自由多样化的需求。

学分的配置需要综合考虑学校课程开设的能力和数量、学生空余时间的精力完成效率、师生的生活状态、课程的专业特点等因素，根据学业弹性时间的比例分配，进行课程课时、考核、实践任务的发布，如本科教育可以按规定要求修满160学分准予毕业，授予教育学或管理学学士学位。通过弹性制度的学习，满足了学生多样化的需求，扩大了学生的选择空间和知识点学习的资源提供，将教师的作用也发挥到最大，师生双向选择，通过电子竞技"通识教育＋专业教育＋实训实践＋创新创业教育"四位一体的综合呈现，全方位展现了德、智、体、美、劳培养课程体系的全面提升。

二、课程方向模块设置原则

课程方向的设置可以分为四个模块。一是通识教育课程，包括通识必修课程和通识选修课程。通识必修课程为电子竞技运动与管理该专业基本认证的基础认知课程，包含体育类、英语类、政治类等方面，所有学生必须修完。通识选修课程设置一定的比例，供有余力的学生丰富专业知识，此部分的比例大约占到整个课程的1/6。二是专业教育课程，包括专业核心课和专业选修课。专业核心课为电子竞技运动与管理专业特征的内容课程，包含理论和实践技能两个层次，选择该专业的学生必须修完。专业选修课为专业相关的选修的课程，拓展学生专业知识素养，此部分的比例占到整个课程的1/3。三是专业实训和实践模块，包括入学教育、实践技能周、实习实训、毕业论文（设计），此部分的比例占到整个课程的1/3。四是创新创业和生涯规划模块，包括学生创业训练模拟、学生就业能力指导、学生职业生涯规划、学生创新能力培养，此部分的比例大约占到整个课程的1/6。所有课程的总学时，大约在3000学时，按照大学4年学习渐进知识掌握的容量，每学期的课时量在 400 学时左右。有余力的学生在课程和专业不冲突的情况下，还可以进行利用晚上或节假日进行第二专业的辅修，达到相应的学分，充实专业技能。

　　学校需要对接社会需求，根据学生身心发展特点，不断建立和完善选修课资源库。有精力和余力的学生可以一学期选择多门或者分散到不同的学期进行选择。高校应鼓励学生在校期间，参加各种电子竞技项目类的科技创新、社会实践、各级各类竞赛。获得决赛名次者，可依据项目内容和相关水平级别，充抵部分专业选修课程及实践教学模块的学分，通识必修课包括思想道德修养与法律、大学体育、大学英语、马克思主义基本原理、形势与政策、军事理论、计算机文化基础、大学生劳动教育、大学生职业发展；电子竞技专业基础课包括电子竞技概论、电子竞技产业分析、高等数学、人工智能等；电子竞技教育专业课包括电子竞技数据分析与实践应用、电子竞技心理学、电子竞技训练学、电子竞技商业模式分析、电子竞技 IP 运营、电子竞技俱乐部经营管理、电子竞技商务谈判、电子竞技赛事组织与管理、电子竞技科研方法、移动电竞、电子竞技专项等；电子竞技专业选修课包括电子竞技政策法规、电子竞技项目设计、电子竞技媒体技术、电子竞技赛事内容制作、电子竞技经济学、电子竞技播音与主持、电子竞技场馆经营与管理等[①]。电子竞技专业课程的开设与电子竞技教材并非完全对应，一门课程可以选择多门教材，一门课也可以选择多位教师共同完成授课。

三、课程内容设置要求

（一）回归生活

　　电子竞技运动是极为接地气的一项体育活动，移动手机和互联网络使得电子竞技摆脱了时间和空间的局限，不拘泥于班级授课制的形式和学习的地点，将电子竞技教育的实现融入学生的日常信息化、数字化生活。从某种意义上说，教育即生活。在生活化的电子竞技教育中，学生可随时随地地与教师进行沟通，与同伴进行电子竞技互助，通过虚拟空间的交流释放心中疑惑，如通过亲身参与各种电子竞技生活活动、赛事实践项目、社区服务等，培养增强实际操作能力和解决

---

① 唐峰. 电子竞技后备人才培养策略研究［J］. 运动精品，2021，40（11）：99-100.

问题的能力。学生还可以通过日常的观察和思考、感悟和体悟，思考体育游戏化的原理和规律，根据自己的兴趣和需求，研究不同的电子竞技项目文化和知识探索，选择丰富海量的线上课程资源等。学生可以与家人、朋友、老师和同学的交流互动，能帮助他们拓宽视野，学习他人的经验和观点，从生活中总结经验教训，从而不断改进和成长。

电子竞技课程回归生活可以采用在电子竞技授课中增加生活化的案例，以身边的人、事为教育材料，也可以将授课的过程移至实训室、各种电子竞技的比赛现场和策划过程，还可以搬进电子竞技的场馆中，增加师生的教学互动、通过电子竞技这种特殊的交互方式进行知识的融入，电子竞技媒介增进了师生生活化情感的融合。教师可以在授课中让学生体验电子竞技选手的生活方式，鼓励学生注重身体健康和电子竞技健康，为学生提供专业的健身器材，改善电子竞技比赛的状态。学生在生活中有效的权衡电子竞技课程与电子竞技专项的时间分配，有效地利用时间，平衡生活的节奏。电子竞技具有电子世界的虚幻性，将电子竞技的价值用于生活，挖掘电子竞技背后的使用意义，以更好的方式体验游戏的存在感。

（二）OBE 理念

OBE 理念是"学生中心、产出导向、持续改进"的工作理念，旨在以学生人性为本，激发学生的积极性、自主性、内驱性，实现人才培养的高质量、目标明确性导向发展。电子竞技 OBE 理念包含四个特征：关注学生学习内容，帮助学生选择学习策略，期望学生达到的预期成果，聚焦学生综合评价。

OBE 理念在课程层次上，以实现电子竞技技能培养和电子竞技信息素养为目标；在培养方案上，以实现电子竞技高质量就业和学生作为人的全面发展为目标；在培养目标上，以满足社会的需求、缓解供求关系为目标。OBE 理念以人本性的游戏发展需求和学生价值体现的需求为导向，要求持续改进的时间跨度和选择范围在 3～8 年，正好符合高等教育学分制的周期属性。OBE 理念支持下的课堂教学设计，从"重知轻行"向"知行合一"转化，转识为智，以学生探究式电子竞技素养提升为核心。教师既是电子竞技技能的培训者，又是学生电子竞技入门的引导者。学生充分利用电子竞技进行课堂交互和能力交往，小组互助，团队合作，绘制了学生电子竞技就业的蓝图，清晰地勾勒出学生应该具备的电子竞技综合素养能力。

学生在电子竞技的高期待、高质量满足中，不断地向更高水平的成果标准努力。这种以最终学习成果或巅峰成果为起点、反向进行课程设计、构建完善的课程体系开展教学活动，增加了电子竞技教学的适切性，教学的出发点变为要实现电子竞技的成果，需要什么，就简单、直接、有效提供什么，给学生提供了充分的成功表现机会和自信心的满足，有成为电子竞技主人的可能，充分利用了时间和空间，达成了预期的效果。

（三）实用性原则

课程内容的设置以实用性为原则，注重学生内在学习力的激发、学习兴趣的培养和学习能力的提升，主要通过全环境的育人培养学生品德规范、掌握电子竞技运动与管理学科专业知识，具备沟通协调能力、成己达人能力、独立问题解决能力、创新协同能力、技术学习能力、体育游戏运动能力、生命健康知识掌握能力、游戏过程的自控管理能力、游戏情感的完善韧性能力。每门课程可以由两名或多名教师共同授课，通过教师的视野和言传身教，进行知识内容的启发式传输。电子竞技运动与管理更适合采取校企合作的模式，可以由学校教师和企业教师共同上课，共同教授同一门课，共享学校和企业的资源。课程的考核也以实用性为原则，可以分为考试课和考查课，减少理论部分应试的考试占比，注重学生在实际授课中的角色关系，以学生为主体，以教师为主导，言传身教，自我反思，可采用百分制、五星制、合格制度等，进行形成性评价、总结性评价、诊断性评价相结合的学生评价模式。

四、课程文化建设

学校培养人是责任所在，而课程的文化水平是人才个体的生命层次，使电子竞技的教育促进人的全面解放与健康发展，人与课程统一于人的文化素养的真、善、美的实现。在课程的不断发展变化中，优化课程制度的文化内涵，形成课程育人的人性化内涵。学生是课程教授的文化主体，每一个学生都有无限的可能，通过课程的塑造，快速成为对电子竞技事业有用的人，学生的生命意义得到文化的丰富。在文化物质层面，丰富中华传统优秀文化的电子竞技内容植入，体现以人为本的课程文化理念；在课程文化制度层面，实施课程思政元素融入，营造学校电子竞技人文环境，强化师生电子竞技行为，以课程规范、文明的制度建设，来实施课程的反思与批判。

文化是历史形成和存在的稳定意识方式，在社会心理层面决定人的存在认知形式。电子竞技的课程文化是体育游戏的一种表现过程，电子竞技教育的主体是人，人的全面发展是电子竞技教育的目的和归宿，以人为本是课程文化的价值归宿。教师要无为而为，尽可能地让学生在课程的文化感受中去自主、自动、自发地学习和思考；要尊重学生电子竞技的爱好和游戏的本性，用体育健康的文化和生命意义去导向课程的文化建设，允许在学校共性的发展中存在个性，个性得到张扬。教师需要基于学生电子竞技的技能实践，将情感、态度、价值观融入文化的创造中，人的本质同后天的娱乐活动和社会的技术发展息息相关，文化寄托着社会责任的情感表达和期望达成，在师生的双向奔赴中形成文化的传承。

师生之间是一种平等的对话关系，学生有成功的无限可能。随着互联网络的发展，信息资源的共享方式的丰富，学生获得知识和能力综合提升的途径增多，课程文化在对话与共享中创新，形成学生积极的学习意愿，在尊重知识传授的基础上成为知识的主人，从而具有批判精神，而不是盲目从事电子竞技行业。电子竞技课程文化是一种开放的、动态的、多元的内容支撑，在电子竞技领域，人性向善通过课程体现，释放人性中游戏和体育本真，通过电子竞技文化的有效交流，弘扬体育精神，使心灵得到净化、情感得到陶冶，舍弃现实社会中电子游戏和电子竞技的对抗羁绊，从电子竞技的自娱自乐独立享受，到生命的整体健康成长。

以学生为本，在课堂之上、课堂之下、网络之间加强人文关怀。课程是文化积淀的样式和水平，授课的内容不仅仅是课程知识本身，而是教师传承的课程文化，承载着文化气息的课程环境，对学生整体具有熏陶作用，在对电子竞技的热爱中，实现生命力的奔腾。电子竞技、体育游戏、体育竞技、电子体育应该是充满生机活力的，文化育人尊重人的权利，将学生作为一个有尊严的独立的主体。

五、课程理解的自我关怀

电子竞技的课程理解应该是以学生为本，教授知识固然重要，然而教给学生"渔"的方法才是最重要的。只有学生对于电子竞技课程有了充分的理解和自身生命意义的完全信任，才有可能实现自发自觉，奋发向上，只争朝夕。将课程理解为生命化的特征，实现人性化的赋能，在理想和现实、真实和虚拟之间，养成电子竞技课程的理解自信，学会自我生命关怀。

体育竞技的目的永远不是最终获得胜利，输赢只是对生命一瞬过程的短暂理解，从普适、需要到重启，理解的层次和心灵的顿悟，能使原本扑朔迷离、纷繁复杂的电子竞技世界愈显澄明，在个体经验和自我经验中得到解放、学会舍得和放下，不拘泥于一时胜利的狂喜或衰败的没落，转向为课程及生活，人生无处不学习。在学习知识基础上上升为理解电子竞技课程的教学意义，从外在的技术、游戏、体育、环境等层面，转而促进人的自由性的解放，实现人的全面发展。

教师和学生在认同课程的同时实践课程的本身，教师对于课程的理解是教学的先决条件，学生对于课程的理解是学习的必要基础，电子竞技教材和课程的设置绝不是编者对于知识的简单叠加和个人理解，而是对于当下社会价值观所寄托的文化、知识整体价值表达。教师需要把静态的、抽象的课程转化为生动的、有效的、实用的自我认识，将教育思想通过课程理解的方式体现出来，去建构想象世界的意义关系，在课程的不确定性和无边界性上，理清和谐立场方式，实现当下不懈怠。在课程理解的基础上，实现基于自我的课程认同，通过课程的答疑解惑，引导学生进入课程的角色，实现学生自我意义感的在场。

六、课程实施的路向

电子竞技运动有很强的实践性和虚拟性，电子竞技教育的课程实施在不断地改革与需要中发展，与电子竞技运动的发展是一体化的。充分进行电子竞技课程实施的教育动员，考虑受众、项目式学习、资源共享、情景化应用，提高学生的参与度与自信心，提升电子竞技水平。电子竞技的教育源于游戏体育文化的根源，中国文化博大精深，源远流长，崇尚人性与自然的和谐统一。早期的教育中就体现为"礼、乐、射、御、书、数"六艺文化，中国自古是一个农业大国，农耕时代的农业劳动和体育锻炼是重要生活部分，斗鸡、蹴鞠、赛马，因嬉戏而体育锻炼，成为教育修养的必教之道，注重人的修养，时刻提倡克己复礼，将身体、教育、心理与体育连接起来。

竞技体育文化的"夺标取胜"，在行为层面凝练了教育的文化价值。教育课程的实施形成了特定的专业文化，兼容并包，思想自由，形式多元，体育文化的自觉满足了电子竞技课程实施的运动参与、游戏技能、身心健康、社会适应，重体重育，在"大体育"游戏观视角下，电子竞技教育课程实施注重对生命力"精、气、神"培养。

（一）基于项目式的学习

在"双减"课程改革下，学习的方式需要提质增效，项目式的学习有助于电子竞技课程实施的思维转化，从机械式、被动地接受知识到在目标导向和合理压力下的高效任务完成，学习不再是敷衍了事，按部就班。通过教师发布不同级别的奖励项目，进行电子竞技积分的事件管理、作业完成，项目激发了学生的好奇心，体现了学生的主体感、参与感，把有限的课程时间延伸到课前充分的准备预习，课上的积极主动汇报，目标导向的成果分享，增加了投入的精力，分享了思想，影响了同辈行为。学生对自己主动完成的工作，记忆和效率最为深刻。

（二）移动学习

移动电竞是电子竞技的重要组成部分，在移动网络和移动设备的支持下，可以实现时间和空间的自由性，从而更有效地利用了碎片化时间进行学习，只需要提供足够多的电子竞技音视频，就可以进行有效的双向交流，避免因时间的遗忘而使学习兴趣和学习热情减淡，如雨课堂、学习通、对分易等都可以实现未来课堂移动学习课的延伸。学习者拥有大量的碎片化时间，而且时间较短的移动学习符合人的学习习惯，避免了学习效率的降低和学习疲劳。通过互联网技术海量的数字资源，移动学习的内容获取更加方便，同时也更加智能化，增强了移动空间的实时交流，各种资源和经验进行分享，增加了课程学习的灵活性和多样性。

（三）深度学习

学习讲究从量变到质变的积累，电子竞技高等教育课程的课上学习时间是非常有限的，深度学习是人工智能的技术趋势，也是电子竞技由学习课程抽象到深入反思思考的过程。人类的学习是一个复杂的过程，既不是一个单向的循环，也不是一个横向的扩张，而是一个课程知识交织的网络，在强化、监督、衍生中，去伪存真，拨云见日，可以实现多层的自动变换信息编码，进而增强记忆，逻辑分析，在联想与意义建构之间形成经验和知识的相互转化。看似凌乱、碎片、杂乱无章的知识，通过深度分析，参与电子竞技活动的体验，凝练为符号变式的深度加工，在质疑、怀疑和探究中掌握课程知识的本质。

学习是个体思考、实践、行动和潜移默化知识内化的长期累积过程，需要主动思考和真正融入，不能流于形式。教学的最大问题在于学生的参与广度、深度的不可测量和外在的硬性规定。人在书前，心在书上，心流融入才是真学习的状态，进而将知识转化为内在的学习动力，学而思、学而用，才能避免过场式、自慰式伪学习的状态。学习效果的实时反馈和过程化积累分析一直是课堂教学的不足，在一对多的多人班级授课制中，教师的精力和时间主要放在教学任务的完成上，对于学生的真实学习效果分析有限，对于学生的数据化学习过程不能有效评价，单纯的作业、讨论和交流，覆盖面有限。

（四）情境学习

电子竞技运动具有极强的时代感、技术感、科技感，因此，更容易创造课程变式，帮助学生理解知识学习的沉浸式情境，通过构造任务完成获得目标奖励，在追求价值刺激和身心愉悦中潜移默化地完成知识的学习。情境学习的过程是电子竞技通过电子形式交互的情感投入、自身角色发挥的连续性和流动性参与续航。在情境的体验，经验得到了丰富和成长，个人内在的潜力得到释放，更多地展示了学生丰富多彩的内心世界，促进了高阶智慧心智的萌发。

在情境的经历学习中达成立德树人，通过情境的交互过程，使教师更好地观察学生的行为活动，增加了师生之间交互交流的渠道。通过延伸数字世界、虚拟世界形成的电子竞技更利于人的连续性经验的引发，参与学习的真实。触景生情、感识为智，学生只有在复杂多变的环境中，才能锻炼应对能力，将心智的内在模式显化为外在的运动表现，搭建复杂式学习情境，满足主动参与感需求，进而展开协作学习，获得学习力的共识。

（五）个性化学习

教学的根本在于学生的知识掌握、情感浸润、能力提升，能否使学生成为对社会有用的人。而每个学生都是独立的个体，个性突出。个性化学习是师生角色翻转的体现，以生为本，注重个体的需求和发展特征，通过差异性、针对性、有效性解决学生学习的障碍，实现可视化、精准化学习策略，让每一个学生个体体验到被重视和关注的心理满足感，都可以有效学习，解决时空学习的局限性，提高资源的存储、转移和利用效率。

学生的学习效果是教学的目标导向，以人为本的个性化学习是教学关键。按需教学，孔子主张"因材施教"，苏格拉底倡导"产婆术"教育。教师需要改变师生对待学习的过程性评价，尊重学生个性需求。在英国、美国、新西兰等国家十分重视对学生个性张扬和创新性意识的培养，在政策层面都对个性化学习提出了规定和要求，鼓励学生创新和独立意识的培养，以实践、生活和活动化的知识表达对学生进行过程性的评价。针对学习者个性特点、知识经验和能力、学习需求、情感特点、学习偏好以及具体学习情境而采用恰当的学习方法，强调学生的个性差异，更能激发学习活力，提高学习的效率。

首先，教师应以学生为中心的教学效果为导向，汇聚学生对于知识的掌握程度和思维创新发散实践。教学的最终目的是建立在学生个性学习的知识满足、情感愉悦和能力提升上。其次，德行教育的建立需要显性化评价学生的学习、情感和道德成长程度。教师需要建立场域的个性影响，完成德行引导，促进学习个性化的实施。

（六）头脑风暴

万事万物具有千丝万缕的联系，互联网络的深入使世界成为一个错综复杂的统一体。头脑风暴也被称为智力激励，主要用于通过发散性思维和不断的头脑反思，相互多元碰撞，产生新观念或激发创新设想，以获得主动的情感认同和知识延展。情感认同和主动性发挥是头脑风暴得到体现的重要影响因素，在个人经验的基础上经过小组讨论，虚拟空间的交流效率更高，不会占用太多组织时间，而且可以匿名发散思维，提高了学生情感的参与度，可以让学生时刻保持兴奋的学习状态，活跃课堂气氛，达到课程知识目标的快速融入和完成。

电子竞技运动可以实现单人的自我角逐，但项目和学习的表现一般为双人或多人的交互以及团队的合作。在群体的决策与体悟中，头脑风暴实现了群体思维的火花碰撞，促进个人内心深处知识的智慧化激发。通过联想连锁式反应、个人自由情感感染、竞争意识、欲望传达，发挥学生的创造思维能力，一般采用5～10人规模的模式进行。

（七）知识图谱

在互联网时代，电子竞技进入知识的数字化大时代阶段，海量的电子竞技游戏项目让人选择应接不暇。电子竞技通过数据链网形成有意义的语义属性连接，在属性和技术架构之间，寻找着结构化实体的存在关键点，形成复杂的知识图谱网络关系。在自底向上的各种电子游戏体育项目中，从开放链接数据实体中提取促进知识和能力提高的有用价值，扩展电子竞技技术关系。学生的知识获取和有用性提取能力至关重要，知识数据的可靠性、完整性、相关性是探究实体识别的有效依据。电子竞技教育内核是游戏体育的电子化竞技形式，承载着游戏和技术的知识关系，为本体意义构建、智慧教学优化、特殊电子竞技问题学生适应性诊断，提供全面感知的基础，进而综合评价一个人的生命价值意义。

知识点讲授要明确和反复强调知识外的能力拓展，需要提供学生自我学习和创新的空间，让学生形成知识图谱的网络产生意义的连接。教师不需要把所有知识全部讲解给学生，而是要做好知识图谱网络的第一粒纽扣，提供学生的真实喜欢度、参与度和掌握度助力，在知识点联系中，拓展资源库，记录学生学习轨迹，实现学生学习的角色互换，提供体验临场感，激励学习主体，定制选择学习的内容，优化知识学习效率。

第三节　电子竞技师资培养

电子竞技教育作为新生的教育形式，其关键的核心在于对电子竞技师资的培养，从职业的电子竞技运动到政策环境导向的电子竞技教育行为，是一个观念转换的育人过程。教师本身需要具备比较成熟的电子竞技专项技能、电子竞技从业经验和一定的理论水平，通过游戏之器和技术之道的外在表现，挖掘人的生命存在意义，体现游戏的价值，实现体育的竞技、康健功能，最终融入数字化的电子竞技生活。

电子竞技的师资主要通过高等教育进行综合、联合培养，加强对实践经验和电子竞技运动资源的整合，有效促进电子竞技师资培训，电子竞技行业资深人士的教育深造，以及联合社会力量进行电子竞技双师型人才的培养，从而形成电子竞技师资价值的合力，以教育情怀和社会事业培育人的全面发展，经过社会实践文化传承，最终使电子竞技事业，走向可持续、专业化动态的发展。

一、电子竞技培训

（一）选手培训

目前，电子竞技行业与电子游戏产业的人才需求具有混合性和人才一致性特点。而游戏行业在吸引大量年轻人参与的同时，更多的是需要电子竞技综合人文素养教育的引导。电子竞技选手的专业化、科学化水平直接关系到电子竞技在游戏中的形象，电子竞技人才成为游戏行业里的复合型、智慧型人才。电子竞技选手不但电子竞技水平和技能高超，而且优秀的电子竞技选手在退役后还可以进入高等院校、职业院校和电子竞技俱乐部从事电子竞技师资、教练工作。专业的电子竞技选手培训不仅需要比赛的胜任力，还需要对电子竞技有正确的认识，紧跟社会时代的变化，满足人们对电子竞技文化的需求。

电子竞技选手的能力包括硬件交互、技能控制的手速，体育意识的反应力，团队的大局观和合作精神，强悍的肌肉记忆反应，持久的韧性，勇于奉献的精神；在综合教育素养方面还需要具备战术战略的语言表达，全局观的有效指导，体育游戏精神的德育，电子竞技知识的全面掌握，而不是仅仅局限于一个项目的熟练。电子竞技选手的培训，也包括电子竞技选手接触电子竞技教育的相关课程和内容，进行综合素质的提升，除了正式注册成为运动员，具备职业技能认证水平，获得五级／初级工、四级／中级工、三级／高级工、二级／技师、一级／高级技师的不同认证级别，结合比赛成绩按级别收入。

（二）教练培训

电子竞技运动队以及电子竞技队伍需要高水平的教练，教练需要不断提高自身的指导能力和应用实践能力，电子竞技运动与管理专业的教师也需要具备一定的教练基本功。职业的电竞教练面对年轻化的电子竞技选手，同样需要付出大量积累的教育经验，教练员的教育能力培训同等重要，需要进行一些师范类的课程的培养和进修，如教育心理学、教育学。教育科研方法结合比赛的经验，进一步完成对整个电子竞技文化的发展。教练的教育水平和管理风格直接影响着比赛的成绩和电子竞技选手的成长，好的教练亦师亦友，具备技战术理解、指导能力、管理能力、心理辅导能力，懂得教育艺术，具有强烈的领导力，能够言传身教，成为榜样，凝聚队伍核心，产生电子竞技文化主导的作用。

教练的岗位是一个电子竞技战队中较为重要的部分，教练的单项能力不一定是最强的，但是综合素质一定是均衡的。一位好的教练是一位好的人生导师，具有敏锐的分析能力，帮助选手去适应成长，熟悉每一位选手的特点，开发潜力，发挥优势，同时也是一位协作者，能够激发选手的斗志，增强自信力，懂得语言的艺术和教育的魅力，把选手当成成长中的孩子，进行培养和爱护，而不是一味地只注重比赛的成绩。

（三）裁判培训

在电子竞技教育环节中，裁判员的培训至关重要。一场公平的电子竞技比赛以及在电子竞技事业中体现的公正、公平的体育精神，都由裁判来进行裁决。电竞裁判需要具有良好的应变和控场能力，借助于电子裁判的辅助，保障比赛公平化的进行。裁判的能力包括熟悉各种电子设备、进行技术故障的简单排除、熟悉电子竞技比赛和体育赛事的各种规则、精通电子竞技项目。裁判还需要能够解决电子竞技比赛中出现的各种争议和潜在问题，应对各种突发情况，给出相应的判罚依据。

电子竞技比赛具有非常大的特殊性，对于群体化的电子竞技比赛，中途无法更换电子竞技选手，不能叫停，而且没有替补队员进行电子竞技比赛的续赛，一旦出现违规情况，只能判定输赢，电子竞技比赛平局的局面也很少出现。而且在电子竞技比赛中，电子竞技赛事的破坏、拖延、消极状态很难进行界定，需要具有丰富经验的裁判来完成。甚至在比赛进行到白热化阶段，队员容易出现心理崩盘，以语言或行为表示异议，裁判都需要按照体育道德精神进行评判。2013 年，国家体育总局正式开始颁发电子竞技裁判员资格证，分为国家级、一级、二级、三级，另设荣誉裁判员，并在不同级别的电子竞技赛事中担任裁判工作，沿袭体育竞赛的精神，电子竞技裁判铁肩担道义，对于维护规则与公平至关重要。

（四）电竞管理培训

电子竞技是一个从上游到下游复杂一体的过程化、竞技化管理系统，每一个环节都需要进行科学的谋划和有效行为的约束、管理。上游的电竞游戏开发，中游的赛事组织和教育、文化传播，下游的电竞服务和指导等，电竞选手、电竞解说、电竞裁判、数据分析师、俱乐部管理层、赛事主办方都是不可或缺的一环，因此，出现了电子竞技管理运营师，产生了各个环节的就业需求。电竞管理的过程是一个熟悉电子竞技运作的各个流程的过程，需具备丰富的电子竞技知识和专项技能，熟悉游戏产业的发展历史，掌握体育特点，具有一定的管理经验和管理技巧，能够进行电竞运营策划、赛事组织、选手管理、电竞游戏指导、社区运营、媒体推广等工作，增加电子竞技运营的收益和影响力，充分体现个人和职业价值，进而创造丰富的电竞文化，实现人的自由发展和经济的兴盛。

（五）电竞劝退培训

虽然说电子竞技劝退不一定能戒掉电子游戏网瘾，但是可以通过电子竞技劝退的形式，明确电子竞技和电子游戏是不同的，戒掉电子游戏成瘾孩子的电子竞技依赖，更好地认识自己。电子竞技运动在身体、思维和心理上都致力于突破人类真实与虚拟的极限，电竞劝退可以区分青年人的电竞梦。游戏是人的天性，通过克制和选择来进行控制与疏导，可以寻求更高级别技术表现的游戏体育竞技形式，祛魅这种休闲化的生存状态。

教育并不是对家长的梦想和他人的意识思想的强加，而是在知识"教"和思想"育"的基础上启发人的本性的意义，电子游戏同样也可以成为一种竞技的职业，关键在于电竞劝退的规则与标准制定，游戏的人和制定游戏的人都得到了满足。电子竞技教育的目的就是在游戏劝退的体验中，建立起电子游戏和电子竞技的情感正确认知，沟通起家长、孩子、电竞和谐的关系与桥梁。

二、电子竞技双师型实践

（一）智慧化教师的教学能力

电子竞技教育教师具有双师型的实践要求，实现知识的传授、能力的影响、情感的寄托，而且具备电子竞技专业素养和熟练的电子竞技技能。特别是在人工智能和网络互联时代，电子竞技教育教师不仅要具备对技术工具的有效认知、价值使用、智能教育的理解，而且要具备技术素养，能驾驭技术，促进电子竞技应用，需要具备教师思维能动的动力逻辑，学会利用智能手段进行电子竞技教学能力的提升和电子竞技视野的开阔。

思维改变、数据获取、行为智慧、场景建模、系统应用，智能技术实现了教师教学管理过程自动化、教学思考智慧化和教育形态信息化改变。电子竞技智能技术层级应用包括智慧教育、多元智能、智能教育模型、提升路径、提升策略、知识图谱、机器学习、教育大数据等各个方面的技术游戏化应用实现。

电子竞技助力数字经济，电子竞技人才同样需要具备数字空间内的生存能力，智慧化教师的电子竞技教学能力，从为谁赋能、赋能什么、如何赋能出发，紧紧围绕如何利用游戏特权，如何利用年轻人引流，促进青年人的成长和电子竞技事业的成功。教师需要促进人机深度融合游戏竞技，在技术工具、电子竞技、人的价值判断、智能技术的教育应用中，不断调整实践，培养电子竞技人才的综合能力。

（二）数字化教师的知识结构

教师的数字化能力要求多元，网络技术数字化带给电子竞技教师以数字化技术掌握的要求，教师的知识结构发生转变，数字化技术为教师发展提供外生驱力，教师需要比学生掌握得多，促进教师专业成长，教师整合电子竞技、计算机、教学研究能力、高阶教学思考、协调人机关系、有效技术教学、数智化评价能力的综合智慧教育素养得到升华，也是对教师电子竞技大数据资源筛选判断能力、组织胜任能力、教学方式重构能力和自我技术素养提升的知识改进能力的要求。数字化教师的知识素养的提升是由"外"向"内"到"知行合一"的转变，教师应从自我认知、学习、调控、超越中，"共生、共智、共学"。

在网状拓扑结构的整合中，知识最大限度地被共享，实现电子竞技知识教学的网络协同搭建，整合技术与游戏的体育源起，将电子竞技学科教学知识与信息技术深度融合，从教学的实践、过程、策略、程序和方法等方面，精准化个性化评价。了解电子竞技行为发生的数字化过程，准确评估电子竞技能力和电子竞技知识之间的关系，促进数字知识网络的双向交流，运用信息化技术进行教学、教研、反思，养成数字情感、数字知识、数字技能与数字环境的心理特质习惯。

虽然教师的智力是有限的，但是电子竞技的发展空间是无限的，技术的游戏竞技化时限是多元的，体育精神和健康的话题是永恒的，这是电子竞技运动经久不衰的生命力表现。驾驭数智技术的使用，形成数字知识智慧，转知成智，推进电子竞技教师技术使用的价值理性，推动电子竞技教育的多元化、专业化、职业化、数智化发展。在虚拟智能化情境创设、知识数字化管理、数智化培训、精准化教师评价、人机协同发展、技术支持的丰富知识中，教师传递着教育能量，改善了电子竞技人文情怀，促进数字化生活与成长。

三、电子竞技师资价值整合

电子竞技教育是需要社会形成价值的合力的过程。教育不仅仅是提供生长的环境、简单的书本知识的传递，更多的是师资价值合力的经验和文化传承。人的价值就在于学习的不懈怠，智慧的时代积累始终站在时间巨人的肩膀上。电子竞技教育的社会化发展是家庭、学校、企业共同努力的方向，教师的引导作用不言而喻，"师者，所以传道授业解惑也"，以身为教，融技为教。在系统化教育应用，深化对电子竞技教育理解，关注学生生命价值省察，教学行动的知识因果促进上，加强电竞师资的高质量培养，以智能化、创造力的数字知识和行为改善为行动主旨，教师主导电子竞技教学行为的解释、执行和总结，促进教师的电子竞技运动热爱和角色融入，提高教师胜任力，走向电子竞技教育社会传承转变的起点。

第四节 电子竞技学生技能

电子竞技培养的人才需要具备电子竞技运动专项技能，具备体育的信息技术素养，掌握一定的电子竞技游戏能力，通过电子竞技促进身心健康发展。电子竞技教育是师生在各种网络、人文、技术规约下的存在状态，旨在实现人的游戏自由与社会电竞和谐的统一。在技能专项上，体现出从现实到必然的电子竞技价值与事实的一致，权情应然主体下的体育数字化游戏的自由，满足"理念—电竞—人"技术与游戏的和谐，"文化—电竞—行为"善群与修己的和谐，"健康—电竞—生活"体悟与统觉的和谐，这不仅仅是掌握一种电子竞技项目的过程，而是通过电子竞技技能专项的学习、扩展、掌握与深入运用，弥合游戏与竞技的张力，实现人存在的意义和游戏的性质，进而提高团队合作能力、沟通交流能力、语言表达能力、游戏审美能力、价值辨别能力，最终形成综合的电子竞技素养。

一、电子竞技信息技术素养

电子竞技依赖于电子的信息技术水平和网络时代形态的发展，数字化、电子化手段的形式，直接影响着电子竞技的行为组成、电子竞技项目的呈现形式，信息技术决定了电子竞技的体育根本表现属性。掌握信息技术的发展特征，提高学生电子竞技的信息技术素养，更能适应现代化的生活节奏。电子竞技的信息技术主要集中在个人计算机端和手机端，鼠标和键盘仅仅是交互的中间工具形态。

电子竞技的生命力在于社会的关注广度和传承深度，社会信息技术的发展为观众提供了良好的体验，成为电子竞技传播的基础。电子竞技教育不是一部分人的自娱自乐与技术表演，而是通过教育的形式获得对电子竞技文化的认同以及电子竞技内涵意义的实现，教育最终的目的是实现人的意义的觉醒，人的游戏的本性仅仅是人的一种因素，要辩证地看待和对待电子竞技的专业化教育和大众化教育。社会的教化不是形成文化的单一认同，而是在政治、社会、经济、文化的交织中形成一种有价值尺度的人类传承，体现人的存在感，生成人的生命意义。

电子竞技运动能够带给人幸福感和舒适感，是生命中剩余精力的能量体现。不断创新技术，提升这种体验的幸福感，传承体育游戏对于生命的舒展，信息技术的实现给电子竞技带来了无限可能，因此学生的电子竞技信息技术素养至关重要，具备技术的感知意识、学习意识和应用意识，提升信息的敏感程度，形成对技术价值的判断力，不断接触和掌握以计算机为主体的软件、硬件技术，学会使用计算机语言进行电子竞技项目的编程，懂得计算机思维模式，通过电子竞技的表现中介，而进行人与机器、人与人、人与游戏之间的协同生存，崇尚科学精神、原创精神，具有将创新理念融入电子竞技的学习、生活的意识，根据学习需求，利用信息科技获取、加工、管理、评价、交流学习资源，开展自主学习，有足够的勇气进行电子竞技的对战，舍我其谁进行越级挑战，战胜自己。

电子竞技信息技术素养也包括对各种电子竞技性项目的熟练掌握程度，需要人们能够及时关注最新的电子游戏的动态，电子竞技运动的项目进展情况，关注电子竞技产业报告，电子游戏年度进展报告，学会不同语言的游戏操作技巧和通关攻略，对于整个游戏过程和电子竞技的任务点难点，有清晰的了解，能够熟练掌握并擅长1～3门电子竞技项目。对于入选亚运会、未来奥运会或有潜力成为体育运动会项目的电子竞技游戏，应进行全方位的练习、精研和掌握。

二、电子竞技学术研究能力

电子竞技教育加速了作为智力文化运动的数字化转型，将智力运动以电子游戏化竞技的方式全面融入数字文明和生态文明建设的各个领域。

以电竞游戏项目发展历史和周期率为参考，学生需要熟悉传统体育项目与电子竞技方式的区别，具备一定的电子竞技学术研究能力和学术敏感性，能够跨学科进行研究整合，关注电子竞技教育在全国的开展情况，对于电子竞技教育的问题进行批判性的思考，自我反思，同时还能够以一种乐观的情感参与方式建构充满希望和美好的电子竞技研究生活，从社会、经济、文化等多个角度为电子竞技产业的促进和电子竞技的发展提供助力。

亚运会电子竞技项目的入围和社会好评，推进了电竞体系体育运动的正式规范化，我们要以人为根本，突出电竞的民族区域象征符号，优化电竞文化作为数字经济的发展启动引擎，在蓬勃发展的电子竞技产业中，找到适合电子竞技教育的研究方向。

三、电子竞技体育游戏能力

（一）性别、年龄能力差异

调研数据显示，在中国的电竞用户中，男性占比接近 70%，25 岁以下的用户接近 50%，此部分的用户以大中专学生和青年人群体为主，年轻化、男性化是电竞用户最主要的特征之一。在电子竞技项目的设计上，也存在性别的差异。传统体育中男女的生理、肌肉、骨骼各不相同，所擅长和从事的体育项目也不一样。对于电子竞技教育和电子竞技玩家而言，男女生的比例几乎接近。但是对于电子竞技运动而言，在杭州亚运会电子竞技项目中，几乎很少有女性选手。

电子竞技运动对于选手的年龄要求比较高，普遍存在年轻化现象，一岁之差，反应力差距就会非常大。16～25 岁是电子竞技教育和运动的绝对主力，未成年人是禁止参加各种电子竞技职业比赛的。一般职业的电子竞技战队和电子竞技俱乐部，不愿意与年龄较大的老将进行签约。各种人群中，受过高等教育的大学生，在电子竞技中的比重大约占到 50%，比例也较高，更愿意和容易投入电子竞技的对抗。电子游戏与未成年两个概念是电子竞技存在争议的核心，电子竞技教育和电子竞技玩家对象则不限制入门能力，门槛较低，适合各种年龄层次的人进行游戏，因为游戏不分年龄和性别，这些都为电子竞技教育的施行提供了基础。

（二）生存和生命能力

电子竞技教育中展现了游戏的强大生命力，面对紧张、激烈、残酷的社会现实和生存压力，和平时期的成功也面临着过关斩将，适者生存，智者胜出。电子竞技教育本身的健康和电子竞技对于人的身心的影响能够启迪生命的意义，是原始生命力自由地释放剩余精力的展现。游戏进入电子化竞争阶段，更能去体验出一种本能的外在表现活动。

人们参与到好奇的世界中，自娱自乐，释放着生命力的旺盛，在身体的力量与精神的游戏迸发中，敢于去想象、享受、创造生活。学生在电子竞技的争斗中去激发生命的活力，去不断探索和认知这个世界。电子竞技的游戏生命力是随时随地发生的，玩家借助于电子竞技中的生存体验，在生活的各种趋向中，获得价值感与存在感，保护并拓展具有强大电竞生命力的自我。

（三）核心素养游戏能力

电子竞技教育激发了人对历史融入和自己存在的思考，扩大理解能力和创造能力的问题空间，提高策略选择、意愿表达、竞争乐趣、掌控能力成为核心素养的游戏能力。虚拟的电子游戏世界可以提高空间专注力，人们为了达到和完成游戏目标而进行大量的空间战略规划、选择，排兵布阵，资源使用，加强大脑的活跃程度，更有效感知电子竞技的体育运动模式。多线操作，多角色扮演，还可以提升多任务、批任务处理能力，在反复的摧毁、重建中实现大脑的可塑性，提高学习力。通过电子竞技游戏力的融入、改善与提升，可以轻松抚平创伤，心灵找到慰藉的依据，并培养了信任自己的习惯。

（四）体质健康体育能力

电子竞技对于身心健康、体质能力、体育能力的影响，主要包括身体、精神、体育三个方面。作为普通人而言，电子竞技是零散时间、业余生活的补充，需要做好时间的节制与安排，人们需要加强体育锻炼，提高身体综合素质。体育运动有助于生命健康，电子竞技主要是脑力活动，身体的肌肉运动较少，游戏的自律、适度与技术发展的改革，电子竞技教育不仅仅是需要游戏热爱的，更多的是有节制和绿色发展的健康。

四、电子竞技身心能力促进

电子竞技作为一项体育运动项目，具有竞争性、规范性、公平性等特点。其中，激烈的竞争性、操作的电子性是区别于其他体育运动最本质的特点[①]，在追求电子竞技卓越体验的同时，保持电子竞技身心的健康，提升电竞的综合能力教育，在激情游戏和生命竞技间达到平衡。

（一）团队合作能力

良性的竞争能促进团队合作，体育团队竞技能力是通过各个要素的科学组合，更加高效地完成任务，增强团队的凝聚力、归属感和向心力。但是由于受到成本的限制，一般的电子竞技俱乐部在一个电子竞技项目上往往只准备一支战队，电子竞技选手需要在一起，训练非常长的时间，共同生活和参加比赛，形成了良好的团队合作基础。电子竞技运动有着明确的目标，便于团队成员朝着一个方向努力，根据团队成员的能力和特长，进行合理的分工，让每个人都能发挥自己的优势，体验主体地位的成就感，团队成员之间要互相帮助、互相支持，共同克服困难。当出现矛盾时，要及时换位思考，以增进团队成员之间的了解和信任。

（二）沟通交流能力

电子竞技虚拟世界与真实世界的沟通交流能力至关重要，玩家与电子竞技产品形成一种特殊的游戏网络关系，通过电子竞技行为，获得认知、情感、生理和行为上的积极反馈和响应，通过积极的情感交流和电子竞技的媒介，增加互动空间，产生积极的协同性，调节情绪，在游戏交往过程中敢于表达自己、展现自己、克服自卑、勇挑重担、树立自信。通过保持开放的心态互相学习，用积极的态度去倾听和理解对方，给予尊重和关注，建立信任，真诚地与对方交流，分享自己的想法和感受，增进彼此的了解。可以选择非语言游戏沟通，如眼神交流、微笑、肢体语言等，得到一种特有的默契增强沟通效果，在适当的时候给予回应。

（三）游戏审美能力

电子竞技精彩绝伦的画面刺激，从单一的视觉感知拓展为多维、立体的视、

---

① 郭秋霞. 竞技体育制胜规律的探微［J］. 太原城市职业技术学院学报，2010（2）：173-174.

听、触、味、肤觉和全身心的游戏沉浸体验，享受操控、支配、主宰的快乐。互联网的游戏不一而足，游戏是艺术未经转化的潜在状态，游戏真正的主体在于游戏本身，而非游戏者。面临着各种价值观的影响和选择，考验着人性的价值观、审美观、社会责任心、判断能力等，这就需要正确引导，导向能够欣赏美的事物。

第六章　由器悟道：
电子竞技教育核心素养的循证超越

工欲善其事，必先利其器。器欲尽其能，必先得其法。

——论语《卫灵公》

电子竞技游戏项目、电子竞技体育赛事、电子竞技选手运动员、电子竞技俱乐部构成了电子竞技运动的四个核心板块，电子竞技教育围绕电子竞技核心和教育素养养成，实施人才培养的全面发展，深入认知电子竞技教育。同时，电子竞技教育遵循教育的规律，挖掘电子竞技项目的体育价值，生态化运营与管理电子竞技职业赛事和电子竞技俱乐部，利用好游戏工具教育的器用手段，将对电子竞技游戏的喜爱转换为电子竞技教化育人和社会服务，实现人的自由与和谐发展，创造社会的正面价值，从而实现从事电子竞技运动，服务电子竞技相关产业，培养具有电子竞技文化素养的电子竞技教育人才。

第一节　电子竞技项目

电子竞技项目是电子竞技运动的基本载体形式和游戏的器道工具，在带来极大的社会经济价值和社会文化价值的同时，形成了由厂商、俱乐部、学校、联盟、媒体平台组成的生态链条。针对不同类型的参与者、完备的体育赛训规则、电子竞技项目道具资源、娱乐性游戏设计是电子竞技项目吸引人的四个基本组成要素。体育的形式和种类繁多，电子竞技是对电子体育的模拟和体育游戏的仿真，就内容而言，涉及的游戏和体育以电子竞技项目完成，呈现竞技之道的目的，形式和项目的对应上也是多样的。技术之道对于体育的模仿是具有有限工具价值的，还需要在电子竞技项目中植入有意义的价值叙事故事，完成电子竞技文化转化，组建电子竞技游戏项目开发团队，不断更新、丰富和完善高质量的电子竞技项目，推动其内涵式发展。

一、电子竞技游戏项目设计之道

（一）故事叙事中的教育创意

玩电子竞技项目和设计电子竞技项目有着本质的区别，中间间隔着设计开发载体和创意思想的传递媒介，是一个"需求—理解—再需求"的螺旋调整适应过程。很多时候，玩家自己的命运需要自己掌握，不喜欢由别人来操控，这是游戏主体性的核心体现。但是站在游戏项目原视野的角度上去设计，开发者就需要去考虑别人喜欢操控什么内容，以换位思考的角度进行项目设计，这是游戏遵循人本性的设计之道，热爱、快乐和健康是故事叙事中的教育创意的力量源泉。由于社会文化发展对于人们价值观有一定的影响，进而电子竞技项目设计也是一个故事不断优化和教育创意不断调整的过程。

电子竞技项目制作的创意来源于游戏、体育、教育的实践和人自身的需要，电子竞技的故事脚本需要丰富的知识积累，历史文化学习和社会形态、人群心态生活理解，借鉴不同学科的知识和文化背景来进行创作。常见的思路有三类：第一类是人的思想激发创作文学作品，文学作品形成影视剧，影视剧可以形成游戏动画；第二类是直接从体育项目进行仿真模拟，技术融合，将体育项目的形式转化为游戏的状态，或者数字体育的形式来进行竞技；最后一类是人类想象游戏和体育的界限，是希望和思想在虚拟网络空间和实体技术之道的寄托。

创意应避免设计师的一厢情愿。创意不是一个人的事情，也无法由一个人完成整个设计过程，一个好的创意也无法满足所有人对它的需求。故事叙事中的创意更多的是需要经验的积累，需要体验不同的游戏风格和游戏的故事创意来实现新的创作的出现，实现电子竞技游戏项目耳目一新的感觉设计。游戏的创意需要建立在前人历史经验肩膀上，推出更新的创意，避免资源的重复浪费、机械重复和闭门造车，更不是艺术家的盗抄和外形的改造模仿。较好的电子竞技项目的创意，都会实现游戏角色让玩家的梦想成真，具有一定的虚幻和夸张，让玩家有机会在虚拟世界中实现自己无法在现实世界中能达到的能力，比如获得强悍、成功、逆袭，成为英雄。

首先，游戏的教育创意要明确，游戏设计对象和主要的服务对象是谁。因此需要进行充分的市场调研，掌握已有游戏创意的玩家体验，固定游戏玩家群的优缺点的收集，游戏项目习惯的资料掌握，先架构基本的情节难度，游戏项目服务对象和模拟体育项目的类型，然后开展头脑风暴。创意策划的过程是最费时间的，也是最重要的，好的开始是成功的一半。

其次，突破创意设计的障碍，把受到注意力分散影响的事情排除在外，制定时间表，汲取传统文化、体育文化中的精华，尝试不同的环境，不同的情景的相互融合，多向有经验的人和不同立场的人咨询游戏的需求，三人行必有我师，融合众家之长来为游戏创意教育服务。以技术的更新和升级为基准，不断开拓新的媒体冲击，实现项目特殊的感受方式，从一个有趣、实用的创意出发，在过程中慢慢打磨去掉无趣的部分，剩下的就是有价值的创意，玩家需要的只是好的游戏，把游戏项目的开发复杂的事情简单化。

最后，电子竞技项目呈现的故事性更为重要，游戏剧情增加了玩家的沉浸感。一个项目的游戏故事要包括起因、经过、结局，也就是"起、承、转、合"，按照事件发生的时间先后顺序和空间次序进行叙事，为英雄提供多种选择和打法，最终实现目标值或者打败敌人的 BOSS。开发者在故事中将玩家的游戏体验了然于胸，换位思考，错位思考，万事万物皆可游戏，满足情理之中意料之外的兴奋性。故事剧情的角色、冲突、世界、时间既要符合剧情的真实性，又要有一定的虚构性，设计隐藏功能和故事盲盒，将体育精神的主旨融入剧情中。游戏项目故事的起名非常重要，开发者需要注重角色的包装，在编写的过程中要注意授权游戏的知识版权的。设计师的经验是站在时间的历史之上，也存在不足，这是一个不断完善的过程。因此不可能创造出一个崭新的从未有过的故事情节，而是在现实人需要、现实体育的项目中不断去完善自己的游戏故事设计，维持一定时间阶段和特定人群需求的新颖性需求。

（二）游戏竞技元素 3C 设计

1. 角色

游戏项目内在的功能决定外在的规则表现形式。角色要具有鲜明的性格特点，又区别于真实生活的特殊性。角色是体育精神的象征和代表，进而被刻画为角色的外貌、艺术设计和行为方式。一个好的角色设计应该是能够刻画入骨，通过简单的外形就可以进行辨别，也被称为角色的剪影。游戏里的主角一般分为幽默角色和英雄角色，如英雄角色的使命是拯救公主、拯救世界、拯救生命。在游戏主角的榜样作用上，一定要发挥体育精神的导引，善的英雄不一定是死板的，但一定是正能量的。英雄角色是侠义和正义的化身，也是玩家梦想情感的精神表达。

角色要有鲜明的个性，避免千篇一律。游戏的角色设计画面比较复杂多变，需要综合考虑游戏角色强大而精巧的功能。例如，三头八臂的哪吒，展开角色的想象，允许玩家对于角色名字的选择和自我命名，甚至可以自定义 DIY 角色的外貌、皮肤、座驾、武器等各种属性，体验主宰和任意操控的快乐。传统意义上的游戏角色总是通过人物扮演来实现赋予游戏角色不同的分工，如战士、法师、精灵、骑士、妖兽等，但是游戏角色的标志性身份不能轻易改动，如标志性的武器、装束。开发者要尽量注意人物角色"包围盒"的实现，在脸部比例、人物动作、物品使用、人性等方面设计舒适柔和的过场动画，利用角色本身的所有细节，注入和传递玩家情感。并非所有的角色都能成为唯一的主角，但在玩家自己的心里，自己是自己的主角，游戏过程的体验最为重要。

游戏角色的项目可以切换第二主角，在人工智能时代的 AI 算法里，还可以实现 AI 控制的角色变换实现，在角色世界里呈现强者保护弱者，快速理解游戏故事并继承、适应人物角色关系，建立游戏配合和游戏信任，同伴的资源和情境衍生方式是平等的，从而实现更多角色的加入和交互。角色的设计往往需要接近传统角色的样板，在人体基本组成的基础上进行形态的变形与想象，在适应角色的基础上，再做改动，而避免"非全"的拼凑与彻底生成。从游戏项目的玩法上来分析，角色能力的参数设定越多，游戏就越平衡，但操作起来就越复杂。但这不容易受到玩家的持续选择，更多的游戏改造经验则是简单的操作，获得复杂的效果，同时实现多变的功能和炫酷的视觉呈现。

角色之外的世界被称为非玩家的控制生命域，如游戏世界的背景、玩法、装备等，是角色实现的重要控制。角色的基本参数是游戏项目设计的基础，常见的人物角色的参数属性有身高、步距、步速、跑速、越速、越高、射程、生命值、魔法值等。在游戏项目的世界，人还可以扮演非人的角色，如扮演八珠魂骨育母蜘蛛、半兽人猛犸象、地精发条修补匠等，在此过程中要注意角色的游戏速度、角色的反应时间，角色的对应控件。将常见角色的空闲动作和操作动作进行区分，如最常见的游戏角色的行走、跳跃，跳跃就分为单跳、二级跳、三级跳、助力跳、爬跳等多种，而且要设置重力速度，符合真实情景中的自由落体、重力加速等物理算法现象，从而利用游戏的细腻表现，提升游戏玩家对角色的黏度和惯常性满足感。

2. 镜头

游戏项目的镜头可以分为固定镜头和运动镜头两种，实现移步换景的动态视觉平衡，以第一人称或第三人称来观看镜头，获得心理和真实视差镜头的愉悦体验。借用游戏背景图层的叠加和动画逐帧变形设计来实现镜头的多个元素互动和动态变换，采用逐渐消隐技术实现画面元素的动态呈现和三维立体表现。游戏视角是游戏体验的独特方式，在真实情景中只有第一视角的感官，而在游戏过程中可以有第二视角、第三视角、混合视角的选择变化，这可以使玩家清楚地认识到自我的存在，客观地了解自我行动的过程。在镜头的视角之间进行切换，让玩家自由观察镜头或有条件地自动控制镜头，从而保障镜头的多变与有序，解决遮挡问题和镜面问题。一般来说，镜头的切换增加了游戏的复杂程度，通过镜头自主的切换，实现人物玩家角色心理的刺激变化和游戏项目的节奏变换，提供给玩家更多的视觉感受。

设计侧面45°的等轴镜头，可以便于游戏者掌控整个游戏视角的全景，同时还避免超大景别的视觉压迫感，又可以及时缩放世界地图，在大场景全景镜头和小场景特写镜头间实现自由的切换。在虚拟现实体育项目中，还可以实现 AR 镜头和 VR 镜头的体验，针对特殊场景，还需要有特殊的游戏镜头，如导轨镜头、鸟瞰镜头、空镜头、荷兰式跳摄镜头，将镜头的推、拉、摇、移、跟，贯穿到主角镜头视觉的自始至终。通过操作获得半沉浸的桌面视觉呈现，玩家也可以通过分屏、多屏和控屏的形式，实现屏幕的画中画缩放，及时调整好镜头画面的帧数，控制镜头的起伏，让游戏玩家不过度眩晕，减少疲劳和用眼过度，进而满足多模式、多人组合的竞技项目视野、视角需求。

3. 操作

操作是游戏控制的重要交互手段，是获得沉浸和控制的最大身体接触应激性反应，通过玩家控制角色、控制镜头、控制运动来达到角色的融入，从而达到操作的掌控主体感。玩家要实现真实感体验和角色任务赋予的使命感，主要依靠手、眼、心、脑的协调，如手指敲击键盘的舒适度、ASWD 键的移动、鼠标的点控或者用游戏手柄的灵活性来完成运动镜头的移动，常见的操作包括单击、双击、特效键、滚动、手柄等。手指的灵活性提高了操作的随意支配性。开发者应该提高操作的容错率，提高反应灵敏度和减少反应时间，减少玩家误触碰时的损失。

操作为了增加逼真度，往往使用陀螺仪的倾斜操作功能，完成游戏振动的反馈操作体验。鼠标是游戏对人手的延伸，动作的触发和延时，使游戏的操控幅度获得了精细化的人游合一体验，通常利用人体工程学来设计操作按键和动作，目前已经形成较为成熟的游戏手柄媒体控制操作。

4. 关卡设计

游戏结局的产生在于最后输赢的结果，游戏的乐趣和欲望在于去竞争结果输赢的过程，人性的表现和舒展在游戏进展的循环往复中，不断实现自我的升华、蜕变和自我超越，具体量化为依托玩家的得分、经验、技能进行排行或者进行高下的区分。关卡也称为回合、波、局、世界、地图等，是时间和空间的游戏制度设计。常用的比较经典关卡设计游戏题材，包括人与外太空、机甲生物与僵尸道场、光明与黑暗、地下城墓室盗宝、丛林荒岛生存、都市下水道、工厂生产等都是基于生活场景和人类梦想实现的题材来源。关卡的设计是自上而下的，策划不同场景的世界地图进行切换，实现不同位面空间的快速任务切换和穿越，厘清世界之间的跳换和转移关系，埋下相关的伏笔，建立相应的欲望，因果关系前后呼应。

合理的目标设定，把玩家从一个剧情点推向另一个高潮的剧情点，在这个过程中，将体育的精神和文化价值的思想通过生存、探索、教育、美德宣扬等形式释放，要学会让玩家自我选择和自我承担后果，训练相关的抗挫折性和游戏责任感、韧性。合理数量的自由行动和对话是内心世界得到交流表达的重要工具和形式，用算法生成实现关卡程序式游戏的设计，将辅佐任务和关卡完成的工具进行列表，如角色、动作、剧情、题材、地图等，对于关卡中重复的玩法进行随机的复用，产生固定的套路和不确定的结果可能性参数表。当玩家轻松通过关卡或者多次失败时，触发游戏帮助规则事件，避免玩家走回头路和游戏回避。

充分利用地图导航，做好沙河、树木、道路的任务指引，让玩家在幻影中不迷行、不迷惘，充分给予玩家情理之中意料之外的惊喜，设计至少三种通往关卡的游戏场景之路，增加特写镜头和全景镜头之间的切换，从熟悉的角色切换入手，同化陌生的知识的学习，可以利用灰盒关卡，尽可能多地在垂直空间和不同位面时间，去变化玩点的任务和目标。最后，需要解决的是关卡和回合的每局时间，避免人注意力的懈怠和游戏的疲劳感，初始时间 15 分钟左右，复杂场景的竞技时间大约在 45 分钟，整个场景目标的关卡通过时限大约在 10 小时。

（三）资源与动画设计

游戏之器是一种工具形式，虚拟世界的游戏交往也是一种社会功能的体现，在游戏中同样涉及资源和经济的问题，开发者在有限的时间和空间相互转换中，不断地积累和利用资本，从而促进游戏生产力和竞争力的提升，加上实现动作角色操控和欲望角色扮演的双融合，促进玩家对于目标的完成。在动画画面形式上表现为生命值、魔法值、弹药量、道具经验值、地图导航提示等各种效果。

电脑屏幕的显示空间是有限的，通过地图切换、任务穿插、盲盒设计来实现情景的转移和高阶任务的完成，不断提示和触发情景构建、场景暗示，各种图标虽然版本和语言不同，但具有非常鲜明的文化性设计，可以一目了然，知其含义，让符号说话，让符号简单化表达玩家的意图和选择。

进行任务切换进入任何界面，要避免玩家的游戏迷航和游戏过劳，当玩家超过三次任务失败，系统应重新计算游戏难度，设置游戏通关攻略，可以设计相应的、常见的快捷键，来实现菜单或道具的打开或查看，避免记忆的烦琐，可以轻松实现任务的保存和读取。加载界面时间要短，过渡动画的形式可以采用 3D 或者电影的形式来进行，增加逼真效果，采用特殊的音乐效果和配音特效增加临场感，各种资源的设计要平等，旗鼓相当，易于看懂其含义和获取的方法，不能让玩家无所适从，不得其法，界面字体和语言的呈现要适度得当，引人入胜。

（四）道具与规则奖励设计

规则是游戏的骨架，是游戏竞技的重要法则，如"瑞士轮"积分循环制。所有的竞技规则动作形式包括三种：进攻、防守、移动。进攻既是防守，防守既是进攻，如果不进攻也不防守，就在移动。道具的种类一般分为四种：防御型道具、攻击型道具、运动型道具和决胜大逆转型道具，道具可以起着生命恢复、魔法恢复、增加生命值、无敌等状态的作用。

常用的战争动作手法有射击、击打、刺杀，或者是想象的超级能力，按照距离远近，可以将攻击分为近距离、中距离、远距离，按照攻击的效果可以分为攻击范围、攻击速度、攻击方向、攻击控制、攻击伤害，攻击的级别可以分为一般攻击、中度攻击、重度攻击和爆炸攻击，也被称为大招四个技能属性。根据心理学的原理，人们特别喜欢玩那些让他们感到酷的技能游戏，技能的使用画面效果要做得酷炫，避免重复。攻击的对立面是防守，性格内秀的人喜欢防守的状态，比如使用盾牌、护甲、进行格挡或提高防御值，从玩家的角度来进行考虑，将游戏难度在动态中设置平衡，在设置难度机制时，得分、成就、金钱、战利品，荣耀、惊喜都是游戏进程中的奖励规则。

兵器和武器是游戏中常见的道具，刀、枪、棍、棒、斧、钺、钩、叉等冷兵器，以及枪械、大炮、导弹等热兵器，可以增加游戏的战争体验和军事化知识素质教育。枪战是人类所特有喜欢的武器之一，是军事化战争思想的重要体现，它的主要作用是使弱者也可以拥有较强的攻击力和杀伤力，而且是远距离的效果，这样就实现了弱者的保护与心理安全需求的满足。当然，道具的声、光、电效果综合实现的心理刺激是最主要的，产生道具眩晕、击退、变形、失去平衡等动作效果，充分利用道具，要一直激励玩家、吸引玩家，最重要的措施就是血量和生命值，这是游戏里虚拟生命数字所有价值的综合体现。玩家特别喜欢感受刺激，剩余一滴血的绝地反杀等都需要靠反复的练习和对游戏充分理解的基础上，才能不断充实实现的技能。同时，游戏最重要的事情是让玩家具有一直玩下去的欲望，在有限的空间里，对于道具和规则精准的时间把握，提供多方面、多样化的选择，提供给玩家无穷的乐趣。

规则的奖励主要是针对人与自然，人与自我，人与人之间的关系协调、资源配置，靠着机关陷阱、小道具、解谜、拆盲盒等方式来进行。设置一个强大的反面敌人或 BOSS，是内在决定外在的主要行为模式，打败 BOSS 可以得到宝藏、武器、力量、经验的奖励，最终演化为上天入地、速度、力量与科技的比拼，要求攻守双方要在规则公平的角度下进行。

（五）游戏引擎与开发工具

游戏的开发可以分为独立游戏和商业游戏。独立游戏的开发适合小规模玩家的应用和小企业的运作，小团队一般 1～10 个人；商业游戏也被称为大型游戏，一般分为 N 个小组，每个小组 1～20 人，有的多至上百人，花费多年时间研发。我国的游戏开发团队主要集中在较大型的游戏电子竞技公司，如腾讯、网易、完美、盛大、龙图等，在国外，知名的游戏竞技设计公司主要包括暴雪、EA，育碧、任天堂等。

常用的开发工具集合如 UI 编辑器、特效编辑器、任务编辑器、材质编辑器、粒子编辑器、地图编辑器等，可以轻松实现多点任务同时发布、大型场景综合布景，各种输入接口协同作业。电子竞技项目的游戏引擎格外重要，可以设计出逼真、绚丽多彩的艺术效果，目前大部分游戏引擎都是国外出品的，其实质是较为出色的游戏编程集合，可以快速实现图形图像的渲染、粒子碰撞、检测事件的触发、脚本的引擎、动画的设计、AI 的控制元素设计等，如 Doom 引擎、Quake 引擎、Unreal 引擎、Source 引擎、Frostbite 引擎等，需要注意的是单机电脑端和手机端的游戏设计引擎不一样，适用范围也有变化。网页的游戏引擎如 FLASH、HTML5 等，手机的游戏引擎如 Unity3D、Unreal、Flash Air 等，大大提高了游戏项目编程的效率和通用性。游戏引擎的主要作用包括帮助提供和实现了足够多简洁的工具，提供完善的算法设计选择和物理引擎设计，提供强大的平台一致兼容性，提供数据的封装服务，高度的集成，促进了电子竞技游戏项目的不断研发。

二、电子竞技皮肤表层中的文化

真实情境的体验感主要是靠视觉的文化冲击和听觉的立体沉浸，游戏皮肤和游戏音乐甚至能成为真实世界中的流行元素。游戏里边的音乐一般都是有版权的，音乐需要专属乐队的现场制作或者是买断版权，音乐的风格上东西方电子竞技游戏项目中文化音乐差异较大。游戏的娱乐性是电子竞技的重要外部特征，游戏可以承载价值的输出和文化的传承，电子竞技中英雄的名字总是让人记忆深刻，电子竞技中的皮肤文化具有 IP 价值，不仅可以实现流量变现，而且可以用来商业销售，更换不同的皮肤，满足新奇感和期待感的需求，而且实现了文化元素的呈现，如《王者荣耀》中鲁班七号狮舞东方皮肤、李元芳飞鸢探春皮肤就与"醒狮"和"潍坊风筝"非遗文化息息相关的呈现，起到了传播中华民族文化的作用。在游戏中寓教于乐，把游戏竞技和知识教育学习融合起来，提升了游戏的品位，体现了游戏的与时俱进的融合能力和创新能力。

三、电子竞技项目中的开发团队

（一）程序员

早期的电子游戏基本上都是由一个人完成的，因为从整个游戏的设计、制作到修改，一个人完成的话，最能体现主人公思路的一致性。但是随着开发工具特效的升级和操作复杂程度的提高，大型游戏往往几十个千兆字节的容量，制作环节十分复杂，商业游戏制作费时费力，出现了游戏的专业开发团队，所有成员都是围绕一个目标而共同努力设计。程序员的主要工作是编程、实现创作者意图，进行代码完善以及修改特效，往往借助一些现成的工具软件和编程语言，如 J2EE 等来实现。程序员往往组成一个程序团队，项目开发包括客户端与服务器端两个部分，还可以实现单独的开发数据的传输、异步化系统批处理、人工智能协作编程等操作。此外，程序员还必须熟悉各大游戏开发引擎和游戏运营环境的搭建与使用等技术。

（二）美术师

美术师的工作非常重要，是电子竞技游戏项目原画风格设计、原创和整个游戏之风格基调奠定的思路提供者和角色、道具、人物、环境美术概念的创新设计者和完成者。通过线条、颜色、涂鸦和造型的塑造和表现，实现电子竞技环境搭建，人物性格揭示，游戏氛围烘托等艺术功能，更是一种审美和文化元素融合到游戏基础原件的操作过程。美术的风格和元素设计既来源于真实的生活，又要进行一定的创新和艺术加工，高于生活，是游戏设计师思路的表现，既要避免众多游戏项目的角色雷同，同时又要新颖并具有一定的冲击力，是超前游戏概念的直接元素体现。

游戏项目服务的观众层次、需求、审美和艺术品位各不相同，通过美术通用性、接受性元素的植入，参考历史，融入时代感、突破想象灵感的壁垒，进行角色剪影自由风格的创作，形成系列游戏美术风格走向。特别是线稿和平图的国风美术、美术特效、原画设计，可以使看起来生硬粗糙的人物表现得细腻，有亲和力、感染力、仪式美感和冲击效果。细节决定成败，增加游戏项目的生存持久力和价值凸显，而且要进行丰满、充满想象的美术原创、人物角色性格特征的设计，增设无限的想象空间，合理地优化使用颜色、科技、不平衡对称关系，通过熟悉场景的自然过渡理解画面设计，增强故事感、煽动感和临境感。美术师往往又分为分镜插画师、3D 建模师、环境美术师、文字美术师、UI 交互师、动画师、美术总监等不同种类。

（三）设计师

设计师也被称作游戏制作人，是游戏的构想和创意总体架构者，进行游戏规则的打造，全面负责整个游戏项目研发和质量把关的过程。设计师不仅要广征博引，听取并征求他人修改意见，而且要有知识，懂生活，懂人性，游戏设计的最终旨向是人的使用，如比较著名游戏设计师有斯特里特、陈星汉、宫本茂、小岛秀夫等。游戏是治愈生活的良方，就如同人饿了要吃饭，渴了要喝水，出门要穿衣，当人有剩余精力，闲暇时间要体育健康锻炼和消遣娱乐，设计师需要具备丰富的知识和广泛的技能，对电子竞技游戏有着独特的爱好和特殊的理解，能够区分和评价游戏的好坏，将游戏设计的各个环节，如关卡、系统、脚本、战斗意图了然于胸、并充满无限遐想，对于系统策划，内在数值策划，主线、支线，剧情策划，有着独特的见解，确保游戏所有环节有趣和面向对象的内容审核，熟悉游戏开发的各个环节和流程，将游戏情感通过项目设计的方式来呈现，融入相应的电子竞技游戏价值观，能够教化游戏玩家尊重历史、尊重他人、尊重自己，使游戏老少皆宜。

（四）音效师

音乐、音效和旁白是游戏过程中三种立体声音的来源，涉及音乐的原创和版权，音乐的节奏要符合游戏的内容输出，引导游戏风格的进展，涉及人物的对话内容、旁白和游戏画面说明，需要专业的演员进行配音，混音和混响处理，产生丰富的立体声效果，从而实现游戏里的听声辨位，烘托气氛，表达游戏主体的环境心理模拟感，还可以采用各种音频的处理软件，将声音制作出复杂的游戏沉浸特效，调动和感化身体每一处感官，增加电子竞技游戏项目的撞击、摩擦、爆炸等的各种炫酷的音效细节，增加交互感和体验感。

游戏中所有的元素都通过声音的形式表达出来，实时地响应玩家体验到的环境状态和事件变化，带给玩家身临其境的音效感觉。音效师决定音乐整体风格、人物声音质感、音效的处理和表现等等，从某种意义上说，声音就代表着一个人的特征，熟练使用音效库，学会拉片子、音频效果器和声音辨识，常用的声音处理软件如 Pro Tools、Cubase、Cooledit、FMOD、Wwise 等都可以进行完美、震撼的调音。

（五）演员角色

设计开发团队人员组成丰富，测试涉及的内容还比较多，如游戏的包装、营销、推广，游戏的调研、数据收集，游戏的体测，各种真人技能的数据模拟和分析，甚至对某些角色形成特殊的演绎和数据赋予，进行动作捕捉，包括动作、声音、面部神情的获取，进而将游戏角色进行建模。通常设计一款游戏，需要多人共同的协作努力。

动作捕捉是通过捕捉记录演员的动作和身体表演，将其数据转化为 CGI 角色运动动画的一种技术驱动型方法，在游戏的制作中应用广泛，效果逼真，数据精准。通过动作捕捉获得相关的游戏角色的数据，然后进行建模、动画原型设计、行为动作生成，以达到游戏逼真的临场感。动作捕捉包括光学式和惯性式两种，转化为数字游戏原型替身，拓展和丰富游戏角色的运动合成，塑造虚拟形象。

四、电子竞技项目中的体育分类

常见的体育项目分为体验赛和竞技赛，根据项目的类别，又分为跑、跳、投小项，包括篮球、足球和排球，以及各种各样的体育比赛项目，游戏的最大乐趣在于满足了单人娱乐和竞技的需要，可以无限次重复和避免身体损伤，体现出电子体育意识的对抗性、观赏性、公平性和完善性。游戏成为一种更好的交往空间和交往形式，并不是所有的游戏都可以用于电子竞技，电子的体育不仅是一种游戏，更是一种竞赛。

早期中国的电子竞技项目主要是代理国外的游戏产品，包括美国暴雪与VALVE的产品。暴雪先后出款过多部经典作品：《魔兽争霸》《星际争霸》《暗黑破坏神》《守望先锋》《炉石传说》《魔兽世界》等，每一款电子竞技游戏项目都曾引领了一个时代的体育特征，其中《魔兽争霸》和《星际争霸》被誉为电子竞技项目的鼻祖，暴雪还拥有专线电子竞技项目服务器"战网"。VALVE的代表作品电子竞技项目有《半条命》《CS》《DOTA2》等。

（一）MOBA 类

MOBA 表示多人在线战术竞技游戏，如《王者荣耀》《英雄联盟》《DOTA2》。此类游戏最早缘起于冰蛙制造的游戏地图 DOTA，多人的竞技也是看点较多的竞技，是最火爆的类型这不仅仅是游戏的竞技，而且还可以体验人与人之间的合作与竞争关系，是体育精神中人与人交往，相互之间合作直接地体现，集对抗性、观赏性和策略性于一身。MOBA 类电子竞技项目一般由 3～5 名选手组成，其中包含队长一名，考验的是游戏大局观、组织管理能力、团队合作力、关键时刻心理稳定能力等，队长的选择至关重要，需要以德服众、以技服众，善于学习和掌控局势。

（二）RTS 类

RTS 类的游戏即实时战略游戏，是即时战略场景下的智力、思维、策略的较量。RTS 类的游戏是电子竞技早期发展中常用的游戏类型，有非常强烈的操控感，不过对精力、操作和心神的消耗程度要求比较高，包括非常经典的《星际争霸》《魔兽争霸》等。玩家在游戏的过程中，是游戏的决策者和战术的使用者，集所有能力于一身，增加了博弈的乐趣，提高了游戏的获得感和满足感。

（三）FPS 类

FPS 类的游戏为第一人称射击游戏。射击类的项目能最大限度地实现点击鼠标的快乐和音效的沉浸式舒爽感，强调战争主题的直接对抗、快速节奏的代入感和大逃亡式的体验感，如《穿越火线》《使命召唤》《CS：GO》《守望先锋》《堡垒之夜》等都是经久不衰的 FPS 类游戏作品。

（四）TCG 类

TCG 类的游戏为集换式卡牌游戏，卡牌游戏因为极其接地气，所以是广受欢迎的娱乐项目，易于推广，如《炉石传说》《掼蛋》《斗地主》，也是智力的较量。玩家自行组建卡牌组合，斗智斗勇，游戏中可以消耗魔力值，增加经验值，考验玩家的技术策略选择，增强游戏的对抗性。

（五）FTG 类

FTG 是格斗类游戏的简称，能够模拟真人身体对抗、展现血性斗志，激发人的斗志和毅力，格斗游戏最早起源于街机，是人性最原本的斗争方式，一个完整的格斗动作，包括起式、攻击和收式，是体育动作，武术动作和人体动作的最直接体现，如《街头霸王》就入选杭州亚运会电竞游戏正式项目。

五、电子竞技项目作品实例

（一）魔兽争霸

基于电脑平面地图的限制，魔兽争霸设计了四个并存的幻想种族，每个种族都拥有神秘力量、神秘力量和独立性在保障公平纪实性战略与战术的前提下，实现了人族、兽族、不死族、暗夜精灵族之间的动态平衡竞争。各兵种相生相克，相互演化，在不同的时间和空间里掠夺资源，探索世界，战争比拼的还是操作、战略意识和资源持久战，开发了许多经典的战术，如人族的一波流、兽族的万金油、不死族的天地双鬼蜘蛛流、暗夜精灵族的吹风流。战斗可以在很短的时间内，如 10 分钟内，也可以拖入到战争后期，进入 45 分钟左右的白热化阶段。

（二）《FIFA》系列

《FIFA》是 EA 开发的足球虚拟体育电子竞技项目，是对真实足球比赛的模拟。其内容涉及的国家足球比赛，包括德国的甲级、乙级联赛，英国的足球联赛，美国职业足球大联盟比赛，中国的超级世界足球联赛等，在游戏的过程中基本上都使用了授权冠名的真实比赛场景和俱乐部的名字以及球员的名字，增加了游戏的体验感和体育知识的丰富学习感，其中《FIFA17》版本还使用了寒霜引擎，使得画面效果更逼真，是视觉享受和赛事理念经营的饕餮盛宴。

科乐美参考《FIFA》，出品了《实况足球》，增加了足球俱乐部的改良体验，画质更加流畅，比赛节奏更加紧凑，实现了真实足球每一个细节的呈现，提供给所有体育爱好者的足球体验梦想，海量的球员更是以真实面容登场，虚拟足球的操作技术也达到了极致，甚至可以进行技战术的演练，体现了足球运动的角色故事扮演，模拟经营和竞技对抗性需求的游戏表达和虚拟精神的内容植入。

（三）《CS：GO》

《CS：GO》是一款典型的射击类沙盒生存、回合制游戏，游戏风格讲究武器操作的乐趣和射击的体验，通过点击鼠标的舒适触感和紧张感，扮演不同身份的恐怖分子与反恐精英之间的焦灼较量，采用第一视角和第三视角相互切换的方式进行。在电子竞技项目中，还可以操作使用、模拟驾驶各种各样的战争武器，坦克、汽车、高科技武器，学会更多军事策略和使用各种各样的地图，地形的模拟。

在对抗游戏中，玩家可以自由地选择自己的身份，在移动、跳跃、近战的模式下进行战争、救援、防御策略的选择，各式各样的任务情境，如人质解救、炸弹拆除、无限竞技模式、爆破模式、死亡回合模式、特训模式，供玩家选择。不过游戏的难点在于鼠标的操控容易误触，导致精准度和操作上有所降低，同时快速变化的刺激节奏，对于玩家的心理素质的影响也是非常紧张的，也容易造成频繁地被打，挫折的无助等感觉，地图的探索和对未知的茫然也容易增加游戏的刺激效果。

（四）《DOTA 2》

DOTA 原本是《魔兽争霸》的一张 RPG 地图，是属于从群体进攻到单英雄作战的战略转变的应用。ICEFROG 与 VALVE 合作制作了《DOTA2》，独立出来成为单独端游游戏，多英雄混战的 MOBA 类时代开启，更便于玩家操控，获得英雄式光环的主角体验，此后的 MOBA 游戏都没有逃脱英雄对战的命运，单英雄的对战也扩展到手游，更适合手机的操控，玩家容易上手。

《DOTA2》最大限度地利用了屏幕地图，是经典平衡的三线、22 塔对抗，在游戏中玩家化身为各式各样的英雄指点江山，统军作战，既是资源的掠夺竞争者，又是战略的合作伙伴，没有永远的敌人，在个人英雄表达，团战对抗中实现着每个人生命价值的行为方式，由繁到简的设计思路，让《DOTA2》英雄作战游戏迅速普及，在人物角色故事构架上，MOBA 类游戏实现了自己英雄梦的世界观的展示，揭示了人物性格。力量型英雄、敏捷型英雄、智力型英雄、近战硬刚型英雄、远战输出型英雄、主力型英雄、辅助型英雄粉墨登场。

众多的英雄世界和英雄文化也给玩家熟悉英雄的各种属性带来了不小的难度，在整个《DOTA2》游戏中，比拼的也是对经济资源的掌控和运用，战略和战术的操作，如虐杀、GANK、推塔、包圆等战术操作的比拼，更注重团战的战术选择和英雄特长本色的理解和发挥，其中，人的决策分析、战斗意志力和最后的体育战斗精神也是该项目表达的内容。

第二节　电子竞技赛事

电子竞技运动通过赛事进行推广、应用，拓展电子竞技教育成果的表达，电子竞技赛事受到电子竞技项目种类、水平、规则、技术形式和经济社会水平的发展进度的影响，在电子竞技运动员、电子竞技俱乐部、电子竞技教练之间组织协调与管理，在电子竞技观众和电子竞技文化传播之间交流，形成文化传播力。从级别上，电子竞技赛事分为职业电子竞技赛和业余电子竞技赛，业余电子竞技赛又分为高校赛、区域预备联赛两种规格，按照组织形式分为线下赛、线上赛、手游赛、虚拟赛等多种形式。

一、赛事类目

（一）职业赛事

职业电子竞技联赛按照体育比赛的规则进行组织，同时具有一定的商业运营和大众电竞文化满足传播模式，需要正式注册队员、俱乐部战队和完整赛事结构。最早的电子竞技比赛可以追溯到 1972 年斯坦福大学实验室一场 Intergalactic Spacewar Olympics 比赛。1996 年，首届电子竞技格斗锦标赛在美国举行，电子竞技项目为《街霸》，延续至今，赛事更名为 EVO。1999 年，韩国 OGP 电台创立了 OSL 联赛，并开启了电子竞技职业联赛的转播时代的先河。

进入 21 世纪，逐渐并轨形成 CPL、WCG、ESWC 世界三大电子竞技赛事。CPL 是职业电子竞技联盟的简称，于 1997 年成立，是全球范围内电子竞技专业级别联赛的先驱，举办第一场《雷神之锤》比赛 The FRAG。WCG 是由韩国三星电子赞助的第一届世界电子竞技大赛，37 个国家 430 名选手参加，大赛以体育精神和 "Beyond the Game" 为口号，推动了电子竞技奥运会意识的发展。ESWC 是在欧洲传统电子竞技赛事基础上形成和发展的，第一届电子竞技世界杯于 2003 年在法国举办。随后，职业的电子竞技联赛随着比赛项目体育化进程的加快，改为由不同国家、不同地区的官方、第三方甚至是游戏源头厂商进行牵头组织的专业级国际级电子竞技世界杯，如 2009 年《英雄联盟》、2011 年《DOTA2》、2012 年《CS：GO》、2014 年《炉石传说》等，吸引了大量的粉丝，带来了丰厚的收益，获得了电子竞技文化的广泛传播，得到社会大众的认可。《DOTA》国际邀请赛，《英雄联盟》S 赛、暴雪嘉年华、韩国 WEG、英特尔 IEM 大师杯、阿里 WESG 世界电子竞技运动会都是电子竞技运动比较成熟的品牌赛事，并针对不同国家和不同地区设立分赛区，如 LPL、LCK、LMS 等，电子竞技项目的整合和举办也日趋集中和明朗，开始出现电竞女选手，适合各种阶层的游戏项目，共同推动了男女电子竞技赛事的平等，社会人人都可以电竞的公平实现。

2002 年，人民邮电报牵头举办 CIG 中国首届电子竞技大会。2004 年，国家体育总局体育信息中心牵头，第一届全国电子竞技运动会 CEG 开幕，简称电子全运会。2018 年，电子竞技成为雅加达亚运会的表演项目。2023 年电子竞技成为杭州亚运会的正式比赛项目①。在手游职业电竞赛方面，2015 年，QQ 手游牵头 QGC 赛事启动。2016 年，第一届全国移动电子竞技大赛 CMEG 举办。2018 年，巴黎举办 FIFA 电子竞技俱乐部世界杯。2024 年，沙特举办电子竞技世界杯，逐渐开始形成联赛、杯赛制，比较成熟的主客场制度的季前赛、季中赛、季后赛、常规赛等体育赛制的电子竞技比赛项目，电子竞技职业赛事推广得到社会的信任和认可。

电子竞技联赛为电子竞技的联合比赛，主要是由电子竞技俱乐部、区域代理、不同国家、不同地区进行组织的比赛，如韩国《星际争霸》职业联赛 SPL、中国《英雄联盟》职业联赛 LPL，比赛队伍俱乐部相对固定，成为电子竞技运动推动的中流砥柱。电子竞技杯赛也称为锦标赛，可以由主办机构来进行牵头，实现电子竞技赛事的多样化，也为电子竞技选手选拔、电子竞技赛事推广和电子竞技项目竞技提供条件，获得大量赞助、广告推送、粉丝流量，加强了区域之间的电子竞技文化交流，同时增强了电子竞技教育应用实践的机会。

电子竞技赛事为电子竞技教育的就业提供了机会，可以提供战略管理，人力资源管理，赛事管理等不同的人力、物力、财力和技术的组织策划、实施、控制和实践工作，既可以为主办方带来直接的经济收益，粉丝收益，电竞名声效应，还可以带来电子竞技辐射圈的旅游文化，社会影响力的变化，提升电子竞技产业的活力。电子竞技赛事的制度朝着体育制度规范化方向发展，特别是随着人工智能等技术手段的不断应用，在保证比赛公平的同时，也提出了挑战，赛事的参与度、赛事的活跃度、赛事的公平度、赛事的持久性都需要不断完善，电子竞技赛事打破了人与人之间的游戏交流方式，实现了不同国家、不同种族之间的文化交流和深度传播。

电子竞技赛事注重公平、公正的体育精神的实现，不断地挑战自我、超越自我，进行团队合作，完善比赛职业道德，展现顺境不骄傲、逆境不放弃的赛事精神。电子竞技采取赛事淘汰制，保证了比赛的公平，防止了选手偶尔的发挥失常，提高了观赏性和期待感，如单淘汰制施行两两对决，弱者出局；双淘汰制，增加败者组翻盘机会，避免了爆冷，同时专业的电子竞技裁判也为比赛获得公平，良

① 高一兵. 电子竞技进入奥运会何以成为可能？[J] 赤峰学院学报，2020，36（4）：64-68.

好秩序保障，提供了有力基础，通过非主观因素的编排与抽签、判罚与电子裁决，实现了比赛的顺利进行。

（二）高校联赛

高校学生是思想较为活跃，接受能力较强、电子竞技项目受众较多的群体，是电子竞技后备人才的聚集地和文化传播集散地，也是富有知识、有素养的综合一类人群，电子竞技赛事推广和电子竞技人气最为旺盛，易形成电子竞技品牌和独特的赛事魅力，电子竞技赛事对于高校的吸引力特别巨大。高校电子竞技赛事，可以实现目标人群的深度互动，大学生正值青春活力，有利于塑造正确的电子竞技价值观、世界观、人生观，以点带面扩大电子竞技产品的辐射效应。高校电子竞技赛事也是培养、挖掘和教育电子竞技优秀人才的重要阵地，高校为电竞提供了大量的人才资源储备，赛事也为高校学生提供了实践的平台，高校赛事成为电子竞技人才储备的主要实践来源。

高校电子竞技赛事在虚拟空间带给人们赏心悦目的不同体验，打通了高校学生电子竞技文化交流的渠道，以电子竞技为媒介，加深对电子竞技文化的理解，推动了电子竞技教育，增加电子竞技教育生源，扩大电子竞技运动影响力，提高高校学生电子竞技赛事组织的实践能力。电子竞技专业的不断成熟与繁荣，而且赛事还可以与国潮、时髦、音乐等校园文化深度结合，体现"多元电竞"的业态形式，丰富业余时间的学习氛围，提升学生空余时间利用效率，推动电竞文创的高质量发展和电竞文化的有序引导，提升高校大学生的体育精神培育和体育素养的提高。高校电竞赛事的推广，改变着社会对电子竞技的认知，增强了高校健康电竞的使命感、责任感，有利于形成良好的社会电子竞技生态。

（三）区域预备赛

不同层次的玩家要求有不同级别的、难度水平的赛事体系，具有比较完善的区域预备赛与赛事的储备，游戏的策划者和运营者需要不断根据市场的政策和社会的发展技术的进步来调整电子竞技比赛的形式，吸引电子竞技玩家不断地参与到电子竞技赛事中，如联赛次级预备赛或者 B 赛，建立起电子竞技职业选手的青训梯队，对电子竞技持续发展非常重要，在 LDL 中就分为甲、乙级别联赛，3～

5 月举行春季赛，6～9 月举行夏季赛，最后晋级终极赛。

人才通过各种比赛得到锻炼，挖掘其潜力，锻炼队伍，凝聚人心，增加人气，电子竞技职业联赛得到培育和发展。在区域城市电子竞技争霸赛中，还可以打造新旧能源转换、新一代信息技术视野下的城市名片，建立电子竞技之都。此类型的比赛要设立观赏性、参与性的竞赛风格，设置较低的门槛，划分不同的档次，让各种等级的玩家都可以参与到电子竞技赛事中，以城市中心辐射，带动网咖赛、县赛、市赛、省赛、大区赛、全国赛、世界赛。建立起比较完备的赛事发展体系和升降通道，拓展电子竞技赛事消费内容，打造明星赛、对决赛、对线赛。通过电子竞技赛事效应扩展到相关产业发展，玩家除了能参与各种层次、不同种类的电子竞技赛事，还能拿到高额的赛事奖金，还可以欣赏和观看，丰富了空余时间的电子竞技文化，同时也推动了电子竞技选手水平的不断提升。

二、赛事组织与运营

电子竞技赛事的组织与运营涉及多个方面，包括赛事的组织，选手和俱乐部的管理，场馆管理，赛事营销等各个方面。其中，电子竞技场馆的建设符合时代的潮流，不断以科技、时尚、流行的设计元素成为城市发展的地标。2017 年，中国体育馆协会就曾发布电子竞技场馆建设标准，如何选择电子竞技赛事主场以及经营、利用场馆，是电子竞技赛事举办规模和质量的决胜性因素。在电子竞技场馆的选择举办地点选址方面，要综合考虑和衡量城市的发展定位，电子竞技支持政策、电子竞技的文化氛围、电子竞技受众的认知，电子竞技投入成本以及当地城市的其他配套设施，城市交通、物流、旅游、食宿等因素。

电子竞技场馆的使用，可以考虑租赁或者俱乐部主办方自己建设，区分功能区，优化设施完善，设计合理的造型，同时要满足相应级别的电子竞技赛事的主场和规模需要。电子竞技比赛的区域可以分为比赛舞台区、后台服务区、游戏观赛区和商业补给区等。不同区域有不同用途，如比赛区要满足舞台的对战性、观赏大屏、隔音设施、直播和转播摄像头，灯光、音响、烟花等舞台美术，按照承办电子竞技赛事级别的预设，满足比赛的需要，对设备区进行声学设计、摄影摄像安排、媒体区、化妆间、休息室。观赛区也分为不同的等级，如贵宾区、普通区和选手区、评论解说区。商业区主要包括电子竞技产品交易，电子竞技队员休憩，文创产品推广、商铺展位推销等。休闲娱乐区是公共上网的区域，包括餐厅和相关的娱乐、生活设施。媒体区包括演播室，导播区，评论区，推流区。

电子竞技赛事要提前进行运作和推广，提供比赛时所需的移动基础设备，个人计算机端基础设备，保障畅通的网络通信，建设各类体育竞技赛事所需的硬件设施。电子竞技场馆要满足安全等级需求，考虑消防、安全逃生等基本措施。电子竞技赛事运营主要是指电子竞技广告宣传、市场推广、赛事产品包装以及赛事商业活动等，寻求赛事资金的广告支持，扩大相关电子竞技产品盈利传播，有效提升电子竞技文化内容输出。电子竞技赛事作为媒体高度关注的活动，是电子竞技产品赛事内容的生产者，是第一个环节，决定了传播内容的数量和形式，如电子竞技宣传片，电子竞技赛事形象发布，电子竞技转播权。

职业电子竞技选手作为传播者的效果更好，通过强大的粉丝群，良好的电子竞技形象和电子竞技综合素养，丰富电子竞技文化的传播内容，促进电子竞技赛事内容的多元化分布。广告宣传是电子竞技赛事的重要内容之一，通过赛前各种赛事信息的发布及赛事信息的包装，引导观众的关注度和关注热点，在比赛过程中全方位报道比赛的各个环节，包括选手、硬件、软件、赞助商以及选手背后的故事，在赛后及时进行事件的采访，选手的专访，纪录片、花絮的拍摄，以及各种体育综艺节目的对比式造势拍摄。

电子竞技赛事的实况转播主要分为三个部分，包括游戏画质情况、主持人解说情况、赛事文化传播与观众互动情况，电子竞技赛事和其他体育赛事最大的区别在于实时画面的播放、观众的任意点播、评论互动以及各种实时数据的分析显示。电竞赛事的观赛感体验优于其他任何体育项目，就如同观众自己在参加比赛一样，电子竞技主持人的解说风格更具有灵活性，以观众喜闻乐见和幽默风趣的谈吐，吸引了无数电子竞技观众的目光。电子竞技赛事的宣传，可以通过网络、网站、微博、公众号、手机直播平台等各种形式进行，还可以包括线下活动宣传、电子竞技明星和体育明星对话宣传、品牌代言等活动的报道。如线下礼品文创产品的制作、平面媒体及视音频媒体的社会宣传，以提升电子竞技赛事的价值，打造电子竞技赛事宣传的品牌。

三、赛事管理与教育参与

有效的电子竞技管理能促进电子竞技品牌的传播，包括电子竞技精神价值的塑造，打造社会正能量，电子竞技是一种文化交流语言，可以有效地突破地域、民族、语言等交流障碍，辐射相关产业，带动相关地区的经济溢出、拉动效应。电子竞技赛事通过赞助与广告经营、门票、赛事转播权、赛事文创衍生产品、赛事营销等渠道获得丰厚的经济收益，服务地方和支持城市发展建设。

面对形形色色、各种各类的电子竞技赛事需要统一管理，进行有效的管理权分配，实现官方组织比赛和地方组织比赛的有机结合，在比赛过程中，对于比赛的各个环节与比赛中的人员，进行科学有效的设计、组织、实施、运营，增加电子竞技的看点。电子竞技赛事的管理组织主要包括赛事的启动、赛事的实施和赛事的保障三个部分。赛事的组织要满足电子竞技比赛的特点，而制作针对性的计划安排，既不能将赛事的战线拉长，让观众处于无限的期待中，又不能出现队伍的爆炸式波动，要合理地分配电子竞技的优势资源，在对战赛制、竞赛维护、赛程安排上进行科学有效的评判。

在电子竞技赛事中，对于电子竞技选手要做好针对性的设计管理。需要明确电子竞技选手的权利和义务，在保证比赛公平的前提条件下，杜绝选手作弊的可能，防止电子竞技黑客行为，减少电子竞技软、硬件漏洞的出现，对电子竞技选手进行积极有效的文化引导，防止选手出现假赛、放水、干扰比赛公平的行为，要切实维护电子竞技选手的肖像权、使用权和参赛权，设置合理的应急预案，防止因网络设备出现问题导致的比赛中断，还要提供电子竞技赛事的安保、生活、服务器等设施的提供，以及医疗卫生、心理辅导等基本的赛事后勤维稳工作，协调好电子竞技赛事周边的交通、接待，以及政策出行等多方面的问题。

电子竞技的教育参与要充分研究相关的产业政策和教育原理，立足于电子竞技赛事申办的标准制定，在电子竞技文化的引导宣传、电子竞技品牌的开发塑造、电子竞技的良性循环方面打造合理的教育营销生态，通过赛事项目的运营和持续投入，形成良性的活力循环。

第三节　电子竞技俱乐部

电子竞技运动是电子游戏、科学技术、体育与人文的多要素融合，成为青少年的一种生活表达方式和体育运动方式。经过世界范围内的曲折发展，电子竞技产业已经走向国际化、体育化、职业化的道路。随着电子竞技教育的不断深入，在传统体育俱乐部基础上形成的电子竞技俱乐部管理体系成为有效运作电子竞技赛事[①]，电子竞技运动员管理和电子竞技教育运动推动的核心力量。电子竞技俱乐部的发展，包括电子竞技的商业模式、俱乐部的经营方式和经营理念、电子竞技俱乐部的教育方式以及电子竞技俱乐部的主场建设等方面。

一、商业模式

俱乐部起源于人们聚集在一起的团体活动场所，是人们社会层级分布有效交流的形式。美国拥有美国职业棒球大联盟、国家冰球联盟、美式橄榄球联盟，篮球职业联盟等多项俱乐部赛事。电子竞技俱乐部分为业余和职业两种形式，职业的电子竞技俱乐部具有比较完善、系统的组织结构，具有培养指导电子竞技运动员和青训队员，组织建立电子竞技团队，保障运动员生活，进行战术指导、数据分析，推进电子竞技赛事运作的相关作用。作为具有法人代表的企业团体，电子竞技俱乐部有明确的价值作用定位、重视各种电子竞技赛事，实现着电子竞技的盈利，维持运作和文化传播的功能，电子竞技俱乐部需要紧紧跟随社会市场的变化，及时进行内部结构的调整，进行人员的转会安置和人才引进，适时增加和减少电子竞技项目的设立和优化。

电子竞技俱乐部的注册相对简单，具有轻资产的运营模式，经营训练的成本较高，往往依赖于企业商的赞助。1997 年，随着电子竞技赛事的诞生，电子竞技俱乐部也逐渐兴盛起来，如欧洲 FNC 俱乐部、乌克兰 Natus Vincere 俱乐部、美国的 Cloud 9 俱乐部、韩国的 T1 俱乐部、中国的 EDG 电子竞技俱乐部等。其中，中国的电子竞技职业俱乐部具有注重比赛、人口基数优势和经济蓬勃发展等优势。

[①] 李留东. 体育竞技人才社会流动研究述评 [J]. 山西师大体育学院学报，2011，26（1）：17-20，23.

电子竞技俱乐部的盈利模式主要包括赞助、赛事奖金、媒体推广、电子竞技媒体运营、电子竞技文创产品、电子竞技队员转会、电子竞技相关培训、电子竞技商业活动等方面[①]，如 2023 年 11 月移动电竞赛事运营商英雄体育 VSPO 就与沙特电子竞技联合会签署 85 亿美元的合作融资。资本的大量涌入为电子竞技赛事的推广、电子竞技俱乐部的有效运转、电子竞技运动员的积极性和品牌价值提供了保障，形成了电子竞技赞助商赞助与俱乐部合作和电子竞技赛事奖金池双轮驱动的电子竞技俱乐部盈利模式。例如，2023 年 S13 全球总决赛冠军 T1 拿到了 44.5 万美元，亚军 WBG 拿到了 33.3 万美元，第三名和第四名的 BLG 和 JDG 各拿到了 17.8 万美元的奖金，奖金报酬极其丰厚。同时，电子竞技俱乐部粉丝效应商业利用电子竞技赛事，电子竞技俱乐部形成品牌效应，提升品牌价值，利用品牌价值，创造经济收益，如相关文创产品、直播转播收入、电子竞技体验经济收入、电子竞技大众化文旅收入、电子竞技广告代言等，利用电子竞技俱乐部的周边辐射和带动相关产业作用，满足粉丝的要求，实现俱乐部的盈利服务。

二、俱乐部经营与架构

电子竞技俱乐部的发展需要有稳定的人员组织架构，但是受到电子竞技本身赛事的职业年轻化和年龄结构化的影响，电子竞技俱乐部的人才流动也较为频繁。电子竞技俱乐部的组织架构包括俱乐部团队负责人主要负责俱乐部的财务、法务、各种岗位的设置等工作，电子竞技赛训团队包括电子竞技教练、运动员，主要负责电子竞技赛事的组织安排与参赛，电子竞技运营团队主要包括电子竞技俱乐部品牌的打造、视频和广告的宣传、赛事的直播、分部的协调以及账号的管理。目前比较流行的常见的电子竞技俱乐部的分部组成，包括 MOBA 分部、RTS 分部、STG 分部等，根据电子竞技流行赛事的项目动态调整。

在电子竞技俱乐部的人员架构中，职业电子竞技运动员是重要组成部分。电子竞技运动员的选拔方式主要有线上的天梯赛、积分赛、排位赛、排名选拔、试炼和考核，通过试训、人才的转会与交流，完成运动员的签约，实力较强的俱乐

① 朱东普，黄亚玲. 我国职业电子竞技俱乐部发展探析［J］. 体育文化导刊，2016（10）：109-114.

部还会有一队和二队；第二种选拔方式为线下比赛选拔，通过电子竞技赛事的积分排名，线下赛事的综合表现，去衡量职业选手，进而采取招募的形式进行选手素质的综合考察。

电子竞技运动员的选拔较为苛刻，需要符合职业的素质，如智商的测定、动作反应时间的测定、反应协调力的测定、注意力、职业比赛性格的特点测定等。俱乐部电子竞技教练是另外一个关键因素，电子竞技教练的选拔主要是从国外引进，或者是优秀电子竞技运动员退役后的培养与转型，或者是电子竞技研究院的教练培训培养，电子竞技教练选拔的流程和标准也较为复杂：首先，电子竞技教练要取得一定的成绩，能够服众；其次，电子竞技教练对电子竞技项目有全面的理解和管理经验，具有指导运动员把握赛场大局的视野能力，具有与选手进行沟通协调的能力，具有促进电子竞技选手运动训练与锻炼的能力。

电子竞技俱乐部的配套服务体系也相对完善，一般包括运营视频制作团队、媒体播出主播团队、技术服务咨询团队、市场营销法务团队等，而且还会根据电子竞技俱乐部的经营和经济水平情况，扩展不同的盈利业务范围，设置不同的组织结构方向。电子竞技俱乐部的硬件架构一般包括办公场所、赛训场所、配套场所、文化展示场所。电子竞技俱乐部总部的选择地点一般考虑地理环境、交通环境、周边环境，以及最小干扰因素，赛训基地需要兼顾办公功能、比赛功能、训练功能、住宿饮食保障功能，提供电子竞技选手比赛的场地设施，以及住宿等基本生活设施。

电子竞技优秀的教练团队是电子竞技俱乐部的核心，俱乐部要加强对教练的培养，全方位综合提高电子竞技教练的素质，建立完善的教练梯队培养机制，提升教练与选手的幸福感、默契感，以过硬的电子竞技专业技能、专业领导力、学习力、优秀的心理素质、强烈的责任感和沟通能力上下功夫，利用信息技术，数据分析技术建立起比较完善的赛事复盘、赛事数据分析和比赛的录像回放分析，甚至可以利用 OPENAI 帮助教练更加逻辑、理性、系统地分析所有选手比赛的数据，并将所有的比赛和日常训练建立相应的档案袋，对电子竞技训练的过程进行评价。

条件较好的电子竞技俱乐部还可以增设心理辅导团队，对电子竞技选手和运动员的心理抗挫折力、成熟度、健康比赛心理，提供实时的心理咨询和辅导，排解负面情绪，放松其心态，克服其惰性，训练其泰山崩于前而不变色，防止在高度紧张的比赛结尾崩盘，情绪失控等因素，提高青少年电子竞技的心理韧性。

三、俱乐部教育

电子竞技俱乐部是担负着电子竞技人才培养和电子竞技综合素质熏陶的重要场所，按照国家体育总局颁布的《体育俱乐部管理规定》执行相关的行为。业余电子竞技俱乐部应该具备以下条件：有规范且唯一的电子竞技俱乐部名称、俱乐部章程，有专门的管理人员、教练员，有一定数量的电子竞技队伍及企业法人，有必要的活动资金和经费，有固定的训练场地和比赛器械等，电子竞技职业运动员需要年满18周岁，符合国家体育总局制定的《全国电子竞技运动员注册与交流管理办法》规定，在户籍所在地省级体育主管部门申报，电子竞技运动员在俱乐部注册后统一由电子竞技俱乐部管理，采用薪酬制。电子竞技俱乐部的教育主要是包括电子竞技运动员的培养使用与社会电子竞技文化观念的教育两个方面，俱乐部以整体形式参加，由游戏厂商、第三方官方组织的各类电子竞技大赛，在赛制模式上，不允许选手单独自己组赛，同时电子竞技俱乐部也可加入电子竞技联盟，获得相应贡献点、积分点，满足相应的权利与义务。

电子竞技俱乐部需要健全内部管理机制。内部教育和管理章程一般包括总则、管理制度、终止制度，明晰电子竞技俱乐部和电子竞技运动员之间的思想统一工作，员工考勤工作、考核绩效、奖励等各种明细规则。电子竞技俱乐部的赛训行为约束制度是电子竞技内部教育的重要措施，由于电子竞技选手普遍年轻化，所以需要进行赛事训练、思想教育、身体锻炼、行为培养、素养提高等一系列综合的提升，包括俱乐部人员的宿舍管理等。

由于电子竞技选手流动性较大，所以一般电子竞技俱乐部采用集体临时性宿舍过渡的方式来进行人员的管理，保障俱乐部运动员的身心健康、住宿等生活条件，卫生条件和安全保障要求，为电子竞技运动员提供统一的服装和训练的装备，同时提供其成长的空间，保障其工资待遇等正常的职业收入的标准，一般采用基本生活工资加绩效奖励加赛事奖金的方式进行提成。既要有好的办法来挖掘和培育年轻的电子竞技新秀，又要通过制度化、人性化的管理，留住电子竞技人才，产生归属感，荣誉感和强烈的主人翁感。

电子竞技选手代表俱乐部比赛期间须全力以赴，挖掘和弘扬体育精神，杜绝各种形式的作弊、舞弊、串弊，不得以任何理由进行假赛、和赛，对于违约的选手，俱乐部和成员之间，双方要进行协商或者是按照法律的途径进行处理，解决相关争议。电子竞技俱乐部要对选手进行科学的赛训制度，进行合理的奖惩制度，可以从团队项目的管理、个人项目的管理、赛事参加的管理、青训的管理四个方面展开，保障电子竞技选手的身心健康，避免日夜颠倒，电子竞技设备损害健康，同时加强体育锻炼和生活营养供给。利用电子竞技青训平台，给年轻人一个成长的上升和选择的空间，囿于其年龄结构特征，安排专业的心理咨询师，特别关注青训队员的心理健康，消除家长的顾虑，进行道德培养和综合电子竞技素质的提升，合理规划青训队员选秀的基础教育、德性教育和人才流动的去向价值观教育。

四、俱乐部主场

作为正规的体育比赛，电子竞技俱乐部的主客场制度是最大限度地保证电子竞技公平的有效方式。电子竞技俱乐部的主场能够增加电子竞技运动员的自信心，提升其美誉度，有利于选手实力和水平的发挥，提供政策支持及产生大量的粉丝团队。电子竞技俱乐部的主场需要具备完备的赛讯功能、观赛功能、传媒功能，主场的选址和建设需要考虑当地政府和城市的支持力度、电子竞技的群众基础及文化氛围、电子竞技教育信任和高校电子竞技氛围情况。

电子竞技主场的设置一般包括训练室、休息室、会议室、卫生间等基本房间，比赛包括舞台、颁奖台、比赛房、传播大屏导播室、观众区域解说台等。设立电子竞技俱乐部的主场对当地电子竞技氛围的营造，促进城市发展的电子竞技生态、产业链条和扩大电子竞技对于青年一代教育的影响力有至关重要的作用。

电子竞技俱乐部主场的建设，需要进行长期的投入，是硬件设施、软件设施和电竞文化的建设，不仅仅是电子竞技俱乐部企业实力的展现，作为一种城市宣传的品牌，引领着电子竞技文化的方向，如 JDG 电子竞技俱乐部 PRISM 棱镜设计英特尔电子竞技中心，落地北京亦庄北京智慧电竞赛事中心，成为北京电竞文化地标，实现了粉丝沉浸式观赛的自豪感，将电竞场馆赛训空间的设计与发展推向充满无限可能的未来。

第四节　电子竞技职业

电子竞技比赛是人的比赛的延伸，电子竞技选手和观众是电子竞技事业的两个重要组成部分。电子竞技作为一种职业，产生了电子竞技职业选手，是电子竞技事业的基石，电子竞技职业在给电子竞技选手带来了收入和就业的基础上，也带来了一种社会的认同，是一种职业的身份和社会的角色扮演。拓宽电子竞技职业选择范围，打通电子竞技职业和教育的壁垒，实施电子竞技继续教育和高层次学历教育，发挥电子竞技名人选手的效应，是电子竞技职业不断完善其社会存在和社会服务的有效途径。电子竞技的入门门槛较低，但电子竞技职业的入门门槛较高。不仅需要通过专业的训练来提升电子竞技的职业技能，而且电子竞技职业培养综合的电子竞技素养，通过电子竞技教育带来精彩的电子竞技职业运动和文化教育属性的呈现。

一、打通电子竞技职业和教育的渠道

电子竞技职业选手普遍具有年轻化的特征，电子竞技比赛的年龄结构要求是16～23岁，18～23岁是黄金比赛期，但是16～18岁是未成年人选手阶段，禁止玩电子竞技游戏和加入电子竞技战队，此阶段是电子竞技教育的青训期，电子竞技选手处于身心不断成熟发展的人生阶段，需要进行除了打电子竞技比赛之外的其他技能的训练，打通电子竞技职业和教育的晋升渠道，建立在成为电子竞技选手之前进行合理的青训选拔机制，对接高等继续教育。

电子竞技职业选手具有专业的电子竞技项目技能，但是电子竞技的能力形式相对单一，对于电子竞技选手综合生活技能和生存技能的培养，也是电子竞技职业教育的重要内容。电子竞技职业选手往往需要投入大量的时间和精力，用于电子竞技项目的训练参赛，而电子竞技的生存教育与电子竞技的时间投入存在矛盾冲突。尽管电子竞技职业是高收入的领域，但是对于青春、年龄、经历有要求的电子竞技项目来说，更需要投入巨大的教育资源来进行综合电子竞技能力的培养。俱乐部可以从高校电子竞技爱好者中选拔电子竞技职业选手，可以协调和培养电子竞技选手，继续从事高层次的教育或者从事教育行业，在俱乐部教育、高等电竞教育上加大对选手以及爱好者综合能力的培养。

二、拓宽电子竞技职业选择范围

国家对于电子竞技运动员采用积分制管理，根据其规模和影响力，除了比赛奖金的收益，将各种电子竞技级别赛事赋予一定的积分。中华全国体育总会颁布了《全国电子竞技运动员积分制度实施办法》，将电子竞技比赛分为甲、乙、丙类以及国际赛。电子竞技职业选择范围是体育比赛的少数人的运动，需要一定的体育天赋、游戏天赋和对电子竞技的热爱，而电子竞技选手年轻化的职业特点使得拓宽电子竞技职业选择范围成为电子竞技事业良性发展的必要条件，需要充分加强电子竞技运动员职业的来源，电子竞技职业的辅助产业之间的关联，利用电子竞技职业赛事，拓宽电子竞技职业选择渠道，如电子竞技解说员、电子竞技数据分析师、电子竞技转播员、电子竞技心理咨询师、电子竞技运营师、电子竞技赛事组织管理、电子竞技台前幕后传媒等多种渠道职业选择。

电子竞技媒体文化传播需要大量的职业人才，电子竞技赛事视频的制作，电子竞技文化的宣传，进行电子竞技相关产业的创业发展，接纳和解决电子竞技职业选手退役后的安置、深造和社会电竞教育延续问题，是电子竞技可持续发展的必由之路。电子竞技选手退役后，可以继续进入高等体育院校接受相关专业的教育，从事电子竞技相关人才培养的教练工作，或者从事电子竞技相关产业的创业、创新、研发等各种工作渠道，从而提高社会适应性。电子竞技职业选手退役后也可选择与学校进行合作，作为业余战队的指导教练，举办短期培训班，帮助青训队员快速提高成绩，也可以从事电子竞技教育游戏宣传的公益事业，拍摄电子竞技相关媒体新闻、娱乐节目、电影电视剧，对青少年电子游戏和电子竞技的沉迷进行有效的正面宣传和引导，或者进入专业的电子竞技上游产业，进行相关电子竞技游戏项目的开发亲身体验的经验补救和文化植入学习。

三、电竞选手名人堂教育效应

电子竞技和其他运动员一样，具有身价效应，而且优秀的电子竞技选手，年收入都非常高。职业电子竞技选手给电子竞技赛事带来了精彩的操作和对游戏竞技、智力对抗的战术理解，是高智商、高情商、高游戏商的直接体现。一般电子竞技明星选手的出现都会成为赛事的聚焦点，电子竞技赛事品牌的形成和收益的影响都与职业电子竞技选手密切相关。电子竞技选手的转会，电子竞技选手的一举一动都影响着电子竞技文化和电子竞技教育的效果。

对电子竞技俱乐部来说，电子竞技选手是最大的财富，电子竞技名人效应品牌的打造是俱乐部与粉丝之间的纽带，是社会可持续投入、人才可持续挖掘、电子竞技文化推广传播的重要手段。电子竞技比赛成绩仅仅是电子竞技俱乐部的第一张名片，只有树立良好的电子竞技形象，获得社会大众对电子竞技认同，避免陷入造星模式和英雄盲目崇拜模式，才是电子竞技运动可持续发展的正确方式。

对于优秀的电子竞技选手，也需要全方位提高综合职业素养，需要提高其忠诚度和名人效应，及时参加各种社会公益活动和粉丝商业活动，以社会主义核心价值观为依托，树立正面积极的阳光形象，将电子竞技明星选手作为普通人一面的真、善、美展示于社会大众的面前，提高电子竞技品牌生活化亲和感。合理利用和规划电子竞技运动员的网络直播，虚拟形象发布，制作带有名人效应的统一俱乐部的队名、队徽、队歌等，甚至可以让选手现身转播职业现场的现身说法，以选手第一视角来进行赛事的解析，录制丰富多彩的赛后视频分析资源库，记录和挖掘名人电竞选手成名后的日常生活，增强粉丝的期待感、归属感和生活感，如 EDG 推出《e 言难尽》、IG 推出《快乐爆发不加班》，受到了社会的关注和粉丝的认可。

第七章　器道合一：
电子竞技教育生命自由的逻辑旨归

天地之性，人为贵。

——《孝经·圣治》

　　体育提升了人的生命质量，电子竞技教育进阶的游戏活动完成了体育的使命。任何人的游戏活动都是以自身完整的生命体进行投入，在释放人性游戏自由的同时获得生命的精神力，旨向游戏自由与生命和谐的统一。电子竞技教育培养了人的生命情趣，在"生存本能—生活需求—生命自由"中，适应社会发展，使人幸福地感到生存的价值，生命的意义与生活的乐趣。体验是一种体育情怀，生命不止，教育不息，在游戏之器和技术之道间器道合一，电子竞技运动所追求的是数智未来时代，生命充满能量体验的意义关怀，热爱生命，健康快乐成长，旨在实现促进生命的自在、自为、自觉、自由的教育价值逻辑。

　　电子竞技教育兴起于电子竞技运动，不断适应社会改革人自身的完满，从物化走向人化、从限制走向开放、从单调走向多元、从禁止走向自由，在电子游戏争名与奥林匹克竞技间传承着人类游戏体育的文明，形成"电竞+""游戏+""技术+"的教育生态环境。电子竞技教育注重社会、家庭、学校、企业、个体的人才协同培养，满足电子竞技就业需求，实现电子竞技校企联合人才培养，止于至善地不断解放着人自身，寻求着人本真的生命自由状态。

第一节 电子竞技教育服务改革

电子竞技运动是一种体育，游戏管理是一种活动，二者归于人的教化范畴。在电子竞技教育行为的自我调节与控制中，不断拓展着游戏体育的教育载体。游戏即文化的传播，是剩余生命精力的绽放，是一种人类的文明。电子竞技教育的改革，从经验管理走向科学实践，站在科学技术的前沿，实践着教育的生态改造和自然顺应，在不断创新中爆发出元宇宙的能量。借助于游戏之器与技术之道的联系，人与游戏充分和谐，技能与工具自然耦合，人性与自然力智能匹配，自由和谐的思想统一于教育改革。

一、电子竞技教育载体

（一）从物化走向人化

执古之道，以御今之有。人类认识工具和物质的改造是在历史的循序渐进中进行的过程，最后认识到自己的为"人"。电子竞技教育的出现并非偶然，它承载着生命的意义和价值，游戏通过电子体育培育人的发展，从线下平台走上线上平台，从真实世界走向虚拟生活。黑格尔认为"人以他的工具而具有支配外在自然界的威力"。物化是人们对价值驱动力的理解[1]，人化则是价值效用、效率的追求。物化形式的载体只有在器道合一的指引下，才能成为教育人的系统体系。

（二）从限制走向开放

从电子游戏的限制到电子竞技教育的开放，电子竞技阶段性的存在，合乎了事物自然本性的、合理的、优化的在场。技术的出现并不是游戏电子体育化的"奇技淫巧"，大道开悟，电子竞技可用为天下式。

（三）从单调走向多元

人的生命潜力和能力是无限的，人的身体结构是单调的，技术的创造使这种

---

① 肖振常. 试论实践的辩证性质［J］. 哲学研究，1980（12）：22-28.

单调走向了延伸的多元。"周行而不殆"，游戏的直观体验凝练为对电子自由的体悟，形成可感知、可传承的电子竞技具体的"象"，"圣人立象以尽意"，电子竞技教育也走向大众的生活，服务于社会的发展。

（四）从禁止走向自由

电子竞技器道合一指向人自然本性的"无为"，在电子竞技教育的参验中，不断调整人为程序的意志干扰，产生各种技术要素间的和谐，充分发挥人的游戏能力与智力，在电子游戏"心灵手巧"的偏离中回归生命的自由。

二、电子竞技教育传播力

（一）电子竞技融媒体

器道合一，不局限于固定、机械的形态，电子竞技教育的传播并非仅在于结果，而在于过程。从人性化的世界观和方法论来看，电子竞技运动通过融媒体的交流和交互，缩短了人与人内心世界的距离。"不争而善胜"，竞技之争是为了"不争"的和平，电子竞技并不是生而有之，技术的传播和发展使人更自然，回归人性以生。

（二）网络媒体传播评价

互联网技术使得人的生存"天地之化育"，具有虚拟性、匿名性和不确定性，在更深层次的空间，促进了电子竞技能"尽其性则能尽人之性"，网络媒体的传播视为人言，而"物数号万……岂人力也哉"，电子竞技对于人性的解放不依赖于人而存在，对游戏、体育、教育至诚之人才能发挥电子竞技的天赋本性，知天命而用之，在人之智能和互联网络媒体之能间，"交相胜耳，人不谓言"。

（三）青年价值观引导

不是所有的技术都需要顺应自然，改变人的原始生态和敬畏人的生命之能，游戏何以知其然邪？游戏行于万物，上治人者，关键在于对人的价值观的引导。道进乎技，不断通过科学技术的创新去提高和改善电子竞技的技术依赖形式，电子竞技的价值引导自然而然也就完成了，未来的生活世界一定是虚拟、智慧的生活，技术的创造并不是要取代人的正常游戏活动，人在战天斗地的过程中生存绵延。"诚之者人之道也，德善而固执之者也"，引导发挥电子竞技对于青少年文化和本性的促进，在和谐的美好幸福中去创造价值。

三、电子竞技教育服务

（一）电子竞技基础服务

电子竞技教育促进了人们对于电子竞技的基础认知，提升了数字经济的再造空间，将人性的释放延伸到游戏的数字时空。不断优化、出台电子经济政策，以电子竞技产业研究院为价值核心打造基地，规范化电子竞技教育行业标准，形成权威化、制度化的体系。电子竞技不断打破专项化的魔咒，增强了社会自信心。"中学为体，西学为用。"技术带动了电子竞技的进步，满足了人们幸福感的需求，促进了社会的发展，保障了电子竞技基础服务的建设。

（二）电子竞技专项服务

电子竞技经世之用，能够创造巨大的社会效益与经济效益，电子竞技专项运动的不断深入和完善，提高了人的智力、体力、心力的对抗水平，通过电子竞技体育性的有效提升，身体的活力得到舒展，保持智力的活跃，促进生命健康，电子竞技"体"与"用"和谐统一，符合器道合一的境界，不再是玩物丧志的"异能"价值负荷，"君子学以致其道"，只有深入研究扩展和推广电子竞技专项运动教育服务，才能提高对电子竞技教育的认识，阐发人的生存意义和适应人的现代生活规律。

四、电子竞技教育生态

（一）"电竞 + 健康"

在杭州亚运会电子竞技比赛之后，电子竞技体育属性、全民化应用的作用更加凸显，"电竞 + 健康"成为时代的主流旋律，开启了电竞产业的新阶段。技术不仅仅服从于政治，电竞沟通了人的情感，促进了知识的协同，营造了社会文化健康的环境，解决了生活的健康问题，还防止电子游戏的沉迷，"君子不知、无害为治"，积极夯实电子竞技教育的文化思想根基，"生生之谓易"，提升电子竞技的"养目皆由"，不断消化与吸收电竞健康的器物层次。

（二）"电竞＋研学"

电子竞技是一门游戏的艺术，"志于道，游于艺，里仁为美"。对于儿童以及青年人的教育通过研学和体验，"唯道是从，器道合一""义不杀少而杀众，不可谓知类"。电子竞技教育的打造是一项百年大计。电子竞技教育需要不断处理他律和自律的关系，面临着德与利的兼顾选择。技术的封闭性使得电子竞技处于个人孤立的认识空间，自律的教化，完成私德到公德的转换，工以利器，人以利德，教学兴焉。

（三）校校联合

电子竞技教育文化合力的形成需要校校联合，促进资源的有效共享，形成教育行业标准的联合统一。学校是青年才俊汇聚之地，从学校走向社会，天下兴亡，匹夫有责。从社会回归学校，无私奉献，以慰青春。电子竞技教育作为新生代产物，其发展需要在校校联合经验交流中，去不断地提高实践智慧。电子竞技不是技术发明者知识形态的传递，如何实现校校联合人才的培养，善于合作，借鉴经验，通过文以载道，教育投入，润物无声。

（四）电子竞技区域发展

电子竞技有效带动了城市发展，促进了区域平衡。在 2023 年的世界电子竞技城市之都排名中，上海成为继洛杉矶、巴黎后的第三大电竞之都，北美洲、欧洲、亚洲成为电子竞技教育未来的主要阵地。各种电子竞技的新业态层出不穷，促进了电子竞技区域交流，如电子竞技酒店的兴起，"电竞＋旅游"等。截至 2023 年 12 月，共有 23 000 余家电竞酒店，拉动了城市旅游建设，盘活了城市区域和农村电竞经济。

五、电子竞技教育元宇宙

利用技术促进电子竞技的业态发展，释放人类生命自由的舒展，达到庖丁解牛的化境。教育元宇宙的领悟过程是技术认识主体的自觉进化过程，正如《黑客帝国》和《头号玩家》等作品中描述的那样，人进化为机器的高度智能意识状态，通过调整、模仿、会通、内化为自身生命的觉察，获得创造的主宰感。电子竞技是新时代的工业革命。如 2022 年 3 月，壁球游戏《Racket：NX》被国际奥委会认可，成为一项全球体育项目，带来了元宇宙加持下的电子竞技百花齐放，VR 电竞游戏如《源代码》《CREED：荣耀擂台》《怒海远征》《西部世界》等也如雨后春笋般出现并获得社会的认可，流行起来。

第二节　电子竞技教育校企合作

我国拥有全球最庞大的电竞核心用户，随着政府出台更多的教育相关政策，大力打造、优化教育配套设施，电子竞技企业获得了更多的生存空间，接纳更多社会的电竞玩家和观众。在政府规范、有序、高效的指导下，电子竞技教育形成学校、企业、协会、社会产教融合的连接桥梁合力，电子竞技教育的生存力，生命力不断得到释放、强化，校企合作在人才培养，以人为本的主体性体现上积极进行政策引导，产学研一体发展方面发挥了扛鼎之功。

一、电子竞技教育的生存力

电子竞技教育改善了电子竞技的泛娱乐化、不规则性应用，体现了与人为善的和谐思维。电子竞技教育服务的对象，主要是 18 岁到 30 岁的年轻人，青年人是祖国的未来，有序引导和文化传承是振兴民族的希望。

电竞教育涉及的内容是基于电子竞技运动——人的核心人性的基础上，进行技术的深度融合。电竞的核心能力一般包括电竞概论、电竞发展史、电竞产业生态、电竞战术布局等，辅助以美术设计学、戏剧影视文学、播音主持艺术、策划管理学和计算机编程等[①]，为电竞教育的生存力提供了"灵魂与血肉"，可以从事电竞环节辐射的各个岗位的工种。在游戏和体育的背景下，"电竞＋传统学科"的教育模式融入成为电子竞技人才培养的核心理论与实践稳固的支撑依据。游戏

---

① 龚骁. 高校电竞教育改革的路径探索［J］. 教育教学论坛，2022（21）：29-32.

是人的延伸，电竞是数字社会的延伸，作为一种大众化接受认可和崇尚的行为艺术，将电子竞技教育融入大众的生活才能获得持久的生命力。在全民电竞的形势下，零散化、碎片化、有效化的知识教育，孕育了价值和文化观念，通过文化背景、故事情节、建筑风格、服装造型等传递的中华优秀文化，如春风化雨，润物无声。

二、电子竞技教育的生命力

电子竞技运动不断刺激人脑力的活跃，以热情、兴趣、观赏提升了人的抗压、勤奋、自律能力，而且电子竞技职业具有稳定的工资收入和丰厚的奖金。年轻人的学习能力较强，能创造更大的社会价值和生活价值，年轻人有着对游戏技术近乎苛刻的完善要求和竞技执着，散发着生命的活力。通过电子竞技教育受众和涵盖面的扩大，实现电子竞技言谈举止落落大方，拥有积极向上、乐观开朗的生命状态，认真、专注、努力、坚持、顽强是电子竞技生命力绽放的体征，电子竞技的自制力、内驱力和学习力，是电子竞技生命力延续的动力。

国内已有几十所高校开设了电竞相关专业，电子竞技教育事业需要投入更多的教育关怀和无私奉献，学科领域内容广泛，教育生命力日显顽强，逐渐形成和谐有序的电竞生态化供给，涵盖策划运营类、艺术设计类、管理类、播音主持类、体育运动类，围绕电竞训练负荷、电竞战术制定、电竞赛后康复、电竞策划运营、电竞艺术设计、电竞播音主持、电竞文化传播、电竞游戏研发、电竞赛事策划、电竞样态环境设计、电竞主播解说拓展等多元形式，丰富了教学样态，满足了各式各样的人才需求，炙手可热，非常热门，供不应求，很多高校的学生在大二、大三就被预订一空，校企合作订单的就业率都在97%以上。

三、电子竞技专业与学校的契合力

海量的用户为电子竞技运动添砖加瓦，增效引流，电子竞技专业的发展符合人的体育精神的发挥，产生的学校影响力难以估量，电子竞技认识到体育竞技新生利器，在校园中盛行广泛，传递着学校故事、游戏情节和文化信仰，引导了青年人、大学生正确的价值取向和业余时间里的游戏爱好、虚拟交往。互联网络的集中流量和电子竞技线下的聚集历久弥新，为电子竞技教育的实施提供了充足的物质基础、人才基础和中坚环境力量，需要培养大量的电子竞技专业人才，电子竞技专业与学校的契合力不断增强提效，但是电子竞技原创游戏项目新颖性还相对缺乏，需要推出具有中国特色的电子竞技文化项目，不断促进电子竞技高质量游戏项目的研发，有了优秀的电竞之"米"，电子竞技教育"炊"事才能更好地开展，春风化雨，泽被后世万千。

可以采用校企互动、学校孵化、定向企业培养等多种订单式的合作方式，满足人才供给，采取开设电子竞技基础公共课和电子竞技专项教育，提升电子竞技创新创业机会，凝聚人气。学校主导教育、科研，企业主导就业、实训，学生完成电竞育人、电竞就业，共同营造电子竞技人才培养的德化育人和人才成长、生活自由环境。网络无处不在、电竞无处不在，教育顺然自然，高校和企业可以实现一对多的合作关系，最大程度共享资源，在合作目的上达成人才培养的一致性，共同储备和培养优秀人才，提升专业对口率和竞争实力。

四、电子竞技企业与专业的兼容力

电子竞技企业接纳电子竞技教育培养的人才，通过学生的纽带，提高了电子竞技的社会兼容力。随着电子竞技教育学生进入社会电竞各个行业，电竞迎来了周而复始的良性循环和发展的无限生机。电子竞技企业与专业的兼容，毕业即就业，学习即实习，让在学校的学生及时掌握大量的电子竞技社会信息，与电竞行业前沿接轨，主导电竞文化阵地。校企一体，专业共建，让电子竞技专业的学生有更多的实践机会，高质量就业，大众创新、万众创业。

不断尝试促进电竞教育改革，在企业电竞自主游戏知识产权和符合国人文化体制特点的电子竞技项目开发上，引流头部企业，侧重性引导中华文化与社会主义核心价值观的融入与大学生青年群体的人格塑造，兼容性打造正能量的中国好英雄、传递中国好故事，呈现中国游戏魅力，促进中国式电子竞技企业走向世界。积极建设电子竞技产业学院，城市电子竞技新兴学院，用身边事、优秀榜样案例实现人才对接的无缝链接，转向制度化、目标化、价值化的行为逻辑养成，教育贴近生活实际，提升人才选择活力与兼容性。

第三节 电子竞技教育就业路向

从本源来看，人才教育和供给的目的不仅仅是满足就业，更多的是通过激发人的本性和人生意义，实现人的文化价值的传递，展现生命的精彩，延续人的主体性、主动性、能动性。在游戏和体育的世界里，在现实和虚拟的未来中，人体的能量、感官，甚至心理得到强化和延伸，人性得到了发挥，当我们意识到这种器道合一、天人合一的本性之能时，生命力得到彰显，游戏与自然得到匹配，教化之道得到传承，电竞就业也实现了电竞育人的目标。

一、电子竞技产业人才需求

电子竞技运动能够按照游戏制度，自动地顺应自然形式，无为而治，其教育的对象本身必须"有为"，实施一系列的电子竞技教育过程。"我无为，而民自化""不言之教，民众之心安矣"，电子竞技教育培养的人才有去处、有归处，"堵不如疏"，社会和家庭就会得到认可的安定。电子竞技价值在"知止不殆"就业的最后环节。电子竞技"竞技"之争是为了"致虚极、守静笃""上士闻道，勤而行之"，在电竞普世化教育和专项化进阶过程中，不断拓展和满足电子竞技人才的市场满足，引导市场的社会、文化和经济导向。教育培养人有其特殊规律性，需要久久为功，教育入世电子竞技运动，依托于游戏的人性和体育的健康诉求本真，进而找到了人性游戏的因果关系，成就了精神体育的价值逻辑之路向。

据统计，在数字经济下的新增职业模式中，电子竞技员、电子竞技运营师及相关职业的收入最为稳定，每个方向都带来 50 万相关个岗位的需求，人力资源饱和状态不足 30%，如产生电子竞技游戏编程，电竞赛事策划、电竞赛事播出制作、电竞赛事执行、电竞新媒体运营、电竞游戏主播、电子竞技俱乐部经营、电子竞技俱乐部管理、电子竞技心理辅导、电子竞技运动损伤康复等多工种的电子竞技岗位需求。

二、电子竞技学生评价标准

（一）基于电竞大数据的诊断性评价

在数字经济时代，数据的价值不言而喻，对于电子竞技大数据的掌握和运用并挖掘其价值是诊断学生综合实践和应用能力的重要指标。数据客观而准确，帮助人类实现了无数梦想的可能，如同西医中的数据诊断一样，通过参数的变化与呈现，就可准确了解患者的身体情况，确定病因。人类处于电子数据的时代，人的想法和人思想的呈现也可以用数字化的数据诊断来表示，电竞大数据成为认识和改造数字电竞王国的有效手段。

（二）模拟环境下的技能评价

学生的体育知识、体育技能以及模拟环境下的电子竞技技能掌握程度至关重要，学生的电子竞技成长规律和身心发展的统一是电子竞技综合表现的评价标准。顶级的电子竞技选手和高水平的玩家，在技术能力上的差距会越来越小，决定胜负成败的往往是电竞之德的外化，如对于关键节点的把控、电子竞技项目的理解、电子竞技关键时刻的心理素质、电子竞技技能的机械技艺水准、在电子竞技活动中的自我水平认知，以及展现出来的技能熟练程度等，是提高对于电子竞技教育理解的基础，电子竞技教育成为青少年智力开发的新途径。视觉反应时间、动作反应速度、动作反应准确性、注意力持久性、抗干扰能力、记忆时间测试都是电子竞技技能选材的评测依据标准。

（三）天梯排位积分制评价

网络平台的开放性为电子竞技提供了公共、共享、共用的公正平台，缩短了时空的差距，只要是电子竞技的玩家，都可以进入天梯赛的试炼。设置合理的积分目标，玩家有希望地奔赴，不断地复盘与完善自我。电子竞技运动员星探的挖掘不宜开展，更多的是依据于网络公共平台的初选积分排名，所有玩家都可以通过天梯赛，不同级别、不同类目的赛事和对抗活动，通过评判表现获得不同的积分，进而累积到一定程度，获得一个较好的、客观的评价标准，通过积分获得先锋、卫士、十字军、执政官、一代传奇、万古流芳和超凡入圣等级别名称的层次，如冠绝一世就需要在 6000 分之上。天梯积分的计算，一般根据选择英雄的情况以及英雄的对战情况进行。

（四）发展性协作互相评价

人在游戏中是片刻孤立沉浸的，更需要发挥本性的内化与外显行动的表现，以得到他人的肯定。面对电子竞技运动的全球化、多元性文化融合，电子竞技形式更加包容开放。不同电子竞技运动项目，选手的人格特质各异，相互协作的谦让性、自觉性、果断性、挫败感、失落感、落寞感都会影响比赛的进程和结果。

电子竞技的协作主要是依托于虚拟网络平台进行的，人和人之间第三者的游戏平台性、游戏个体内部的对外一致性、游戏经验的决定期待都会影响个体在团队中的协作欲望和合作表现。表现出游戏角色协作的自我价值保护，应该通过相互促进、相互协作的人际关系，促进电子竞技团体走得更远，在合作与交流、交互中实现社会中电竞交往的目的和情感的熏陶。

（五）数字画像力评价

数字经济时代，人的感觉、意识构成了数字化的虚构幻境，对一位玩家电子竞技综合能力的数字画像评价是衡量和区分电子竞技特质的有效手段，需要从多元化方面进行。每一名玩家都有一个对应的数字画像，包括用户的使用习惯、攻击类型、擅长能力、选择思维、操作失误率、游戏通关率、助攻辅助率、帮助寻求率等一系列的参数组成，每个参数可以代表一个能力方向和一种行为选择。电子竞技数字画像具有多维、个性、实时、科学化的表征特点，游戏的参与度、坚持性、专注力、成绩获得、自我调控、临场表现都可以作为评价的依据。高质量的数字画像评价体系能够客观地对电子竞技玩家进行描述，思维力、逻辑判断力、行动坚决力、想象力等，便于进行运动员选材、学生综合能力测试选材等。

三、电子竞技从业技能认证

（一）电竞运动员

电子竞技运动员是一种电子竞技教育就业的途径，高校电子竞技运动与管理专业不培养职业电子竞技运动员，但是具有游戏天赋、热爱电子竞技的任何大学生，都可以成为一名优秀的电竞职业运动员。电子竞技也是高智商、高情商、高操作水平意识的对战，人与人的对战是具有不确定性的，所以具有挑战和乐趣。随着亚运会的召开，电子竞技运动作为职业的体育运动，当电竞选手身披国旗站在领奖台上，无限的荣誉和光荣，受到社会的关注，电子竞技运动员的身份受到社会的认可，社会地位不断提高。

（二）裁判员

电子竞技裁判员是电子竞技教育培养的一种就业类型，通过熟悉各种种类和级别的赛事项目，进行科学、公平、有效的电子竞技赛事判决。电子竞技裁判员需要具备专业的电竞知识和出色的判断力，其按照级别又可分为区域赛裁判员、国家级裁判员、国际级裁判员，设立积分制、裁判员制度，每次比赛进行全国统一抽调，保证了比赛的公平性。电竞裁判员需要仔细检查比赛设备，确保所有参赛选手都在公平的条件下进行比赛，熟悉比赛规则，确保选手们不会违反任何规定。在比赛过程中，判断是否存在作弊行为或违规操作，解决比赛中出现的争议和纠纷。

（三）解说员

电子竞技解说员是一种炙手可热的职业类型，收入颇丰。各种电竞传播平台，如斗鱼、哔哩哔哩、抖音、快手、战网等，幕后电竞工作人员需求巨大，电子竞技要想宣传，就需要有不同的媒体频道，通过解说员的解说，电子竞技形成特有的传播文化，锦上添花，提高了受众的欢迎程度，只要具有解说语言天赋，能够进行情节控制和整个气氛烘托把握的人都可以实现，很多解说员还是退役的知名电竞选手，具有较高的人气，提高了电竞项目的观赛感。

（四）技术工程师

电子竞技比赛以及电子竞技运动，对于技术的要求依赖性比较高。电子竞技运动与管理专业的电竞教育可以从事与电子竞技相关的技术服务工作，成为技术工程师，掌握一定的教育技术、游戏艺术、工程技术，懂得计算机电竞应用的各个环节，防止电竞黑客、电竞断机，保障比赛的顺利进行，及时进行技术故障的排除，辅助电子裁判保障比赛的公平，如网络的畅通、游戏程序错误的修复、电子竞技项目新的内容的设计。

（五）数据分析师

职业的数据分析师可以帮助电子竞技战队进行电子竞技赛事的复盘，反复揣摩对手在比赛中的失误以及获胜的原因，从而扬长避短，发挥自己的长处，取得比赛的胜利。数据分析师可以利用计算机算法、智能模拟比赛过程，寻找比赛漏洞，监督电竞行为，保障绿色的电竞行为环境，快速地了解电竞项目的各个通关流程。

（六）心理健康师

电子竞技可以放松人的心情，寻找现实生活中失落的慰藉感。心理康复师以及电子竞技体能训练师在日常的赛事运营，电子竞技项目维护中占有非常重要的地位，保障选手和玩家应对高强度训练和紧张刺激比赛过程中出现的心理问题，以及提高选手和玩家的体育身体素质，加强体育锻炼，提供心理咨询排解抑郁。心理健康师应该合理安排选手比赛的训练、休息、心理的养护时间，加强选手身体大肌肉运动，不断改进电竞行为方式，提高电竞效率。

（七）媒体制作人

电子竞技文化和电子竞技各项赛事的传播，需要制作各种音频、视频以及多媒体的宣传。数字的时代是技术媒体传播的时代。电子竞技媒体制作人需要掌握和熟悉电子竞技项目特点，观众心理特点和媒体的制作技术，包括赛事拍摄、录像、摄影、气氛营造、视频剪辑、特效加工、广告植入、媒体包装，甚至可以进行电竞相关短视频、短剧、微电影的出品，记录电竞赛事、电竞选手背后的故事，通过各种全媒体平台进行相关内容的报道、制作与宣传。

第四节　电子竞技"现实人"的全面发展

"现实人"在虚拟网络游戏项目中竞技，输赢的结局之后指向何处？电竞教育的目的最终是培养人的全面发展，在"现实人"的电子竞技过程中展示逻辑价值归属。人是自由的，但人又需要与历史、自然、社会生存、生活和谐，自由与和谐统一于电子竞技美好生活的实践。教育知识的形成和转化，需要人自由充分的游戏时间和空间，电子竞技运动具有激烈的竞技性、高度的公平性、热情的参与性、刺激的观赏性。游戏之器和技术之道合乎于人的本性发展实际，"以制器者尚其象"，电子竞技器物创造的价值就在于游戏之器的人性生命的尊重与释放，在于技术之道的以人为本的能量主宰与交互，体育电子竞技走向虚拟世界的非物质形式，在尽情释放人的思维主体感知意识的时空里，成就历史。电子竞技教育体验着精神的交互与人类文化的教育延展，更有效地激发了生命的潜力，澄明了人游戏进化的方向。"现实人"活在电子竞技的当下，就是在追求卓越的本能、欲望的进步的同时，促进人类电子形态和数字竞技水平的虚拟迁徙，实现人的全面发展。

一、电子竞技的时间和空间

（一）顶层设计——解放实体空间对人的桎梏

电子竞技教育价值的本质是人发展的价值，人的发展是电子竞技的价值起点，电子竞技教育一切的设计、开发、管理、利用和评价，都必须将人放在首要位置，围绕人的价值逻辑需要进行。电子竞技本身是符合价值的，是游戏之器与技术之道的统一，打破空间对人的束缚，展现人性的光辉，虚拟的网络也不是教育的终点，或许思维的理想在空间的移置中存在。

应该审视电子竞技的过去、现在与未来，回归到人的生命精彩的释放。

（二）政策引导——利用法则时间的功利之维

电子竞技教育成为社会发展的现实景观，电子竞技教育在自我更新的知悟统一中，满足了社会的渴求，通过电子竞技政策的制定与引导，注重培养具有创造能力的人才是对时间功利化的满足，一个民族的绵延就在于生命的创新。从历史来看，电子竞技在政策的变迁实践中得到发展，网络教育把电子竞技推向了一个社会的高潮，从政策主体来看，政府行为始终是推动电子竞技教育普及应用的重要手段和力量。以人为本、以人民为中心的教育发展理念，对电子竞技教育的创新发展、均衡发展、优势发展有提升作用。

现实人的需要对电子竞技有了推动作用，回顾电子竞技的发展历史，可以清晰地看到社会政策背景因素的作用，是政治、经济、文化、生命剩余精力综合和谐的体现，构建电子竞技教育体系，必将取得巨大发展。电子竞技的发展历史是一个曲折的过程，人的发展是一个历史和社会的范畴，在电子竞技教育的价值逻辑判断中，人的发展是核心标准，只要是对人的发展有利的，都可以为社会服务。

（三）技术拓展——创新竞技显化的游戏实质

技术进步对于自然的控制，不是采取征服的形式，电子竞技的技术并非凭空产生的，而是基于生活和人性基础上的悟性技术，先进性、智慧性、灵活性、规则性渗透到价值的理性当中。只有不断改造技术、衍生智慧，从而产生电子竞技巨大的精神动力和创造潜力，游戏的电子化技术拓展才能成为电子竞技的运动实质。器道合一的理念不是人创造想象设计的，是在电子竞技实现之前就先天的、本来的存在，儿童游戏的能力就是最好的证据。这就需要拓展电子竞技教育的时间和空间，不断完善和发展一种全新的电子技术，去实现游戏体育竞技的本真，在人的兴趣和多样性劳动下回归游戏的人化道。

电子竞技的根基在于游戏体育性的技术表现，亚里士多德将技术称为制作的智慧，海德格尔认为技术是目的的手段，是人的行动，技术的"持存"是由人来完成的，现阶段人的游戏本性表现为电子竞技的形式。电子竞技的本质属性是人本质力量的对象外化。综合来看，电子竞技是人类认识游戏和改造体育的一种本质力量的体现，是现代技术与网络的展现与解蔽方式，是人寻求网络、虚拟、技术不确定性因素解决的慰藉。

（四）身体形态——回归休闲本心的价值事实

技术进入电子竞技领域得到广泛应用，电子竞技活动是人类身体理性的活动，人类游戏的目的、价值观，秩序与态度已经渗透到电子竞技的技术中，改善了身体形态的休闲事实，电子竞技具有丰富的教育价值，电子竞技本身就是具有身体改造价值的。

教育有其特殊的内在规律，电子竞技之于教育的价值逻辑是促进人的发展，是对身体形态与欲望满足的事实呈现。在电子竞技中作为工具中介的技术，促进了人游戏本性的身体独特性与复杂性的外显。在数字化生存的社会时代，电子竞技并不能独立于教育独自发展，因为缺失了人性的引导与教育，教育"现实的人"的发展构建着电子竞技的价值逻辑，合乎身体的规律性与目的性，人的发展是电子竞技的价值逻辑尺度。

二、电子竞技人性的自由

（一）游戏自由与控制的张力

人的发展包括思想解放、主体性确立和全面自由发展，自然状态下的人享有的权利是不稳定的。电子竞技是游戏自由与控制张力的统一，游戏自由是个体生命的需要，人根据自己的兴趣和爱好选择游戏，体验游戏各方面的功能，调整人生命的主观状态，进而在游戏中获得控制感、主宰感和沉浸的幸福感。人的潜质、个性、关系在游戏自由中得到释放，"现实的人"即生活在一定历史条件和制度约束下的人。在信息技术和互联网络高度发达的今天，数字经济社会的生活、电子游戏竞技的生活体现了人性发展要求，尊重个性，满足需要和利益兼顾，需要在独立的空间、他人的肯定和舒适的满足中承载生命价值的期待。

（二）电子竞技体育人性善的彰显

人性是善的，古希腊哲学家苏格拉底认为知识即善。"人之初、性本善"，电子竞技教育的心性之学表达着人性在体育"善"的彰显。运动健康是人生命的必然要求，人是情感与运动的应然存在，游戏出于自然，使人真正成为目的，进入至善之境。

（三）情感的消解与释放

在电子竞技的活动中，充分释放自由的意识是情感和道德的要求。人人都有良知，不假于外求，在电子竞技游戏的世界，更能将这种情感的消解与释放发挥到极致，"情顺万事而皆有"。人都有游戏的欲望，欲是人的道德目的的社会表现。

三、电子竞技人的全面发展

（一）情感得到陶冶

教育是一种有目的、有情怀、系统培养人的实践，教育培养的人归于人对教育的信任与情感得到了陶冶。电子竞技教育需要"明人伦"，接受电子竞技教育，不仅仅指向外在的工具价值，更是内在的人的自身完善。电子竞技的交互情感具有滋养心智、塑造品格的功效，重视学生的道德情感培养，是电子竞技教育的重要任务。

引导学生避免惩戒，时刻保持自律，不破坏电子竞技的道德规则。一个豁达开朗、热忱、积极向上的体育游戏者，电子竞技的情感会更加充盈，保持内心世界的纯净，进而提升自身的品质，敢于面对一切的自信、自强、乐学与自我完善。通过各种电子竞技项目，能够获得怡情的体验，在游戏安全感保持的同时，不断增强仁爱之心、责任之心、关怀之心和自信心。

（二）意志行为养成

人需要具备顽强的道德意志，才能抵制社会的各种干扰与诱惑，将游戏认知转化为电子竞技有效行为，自觉克服困难，表现出电子竞技的毅力与恒心。电子竞技的教育，也是对电子竞技心理的训练，愈挫愈勇，永不放弃。意志养成是一种向善的自由，提高承受挫折的能力，摆脱逆境的限制，心理坚韧就可以抗衡制度的约束，寻求公平的均衡，提升美德的连贯性，果断做出选择和坚决执行战术打法，对于一次的失利，不患得患失，而是通过胜利提高自尊，自立自强。意志行为的养成不仅表现在内在障碍的克服，还表现为外在价值的判断与不懈追求的成长。

游戏欲念的克制是一种意志品格，每个人都有保持本心做事的权利，当人处于集体的清晰关系中，就需要在"战"、在"争"的状态中去决定意志的选择，一方面是以追求快乐为本质，另一方面是关系之和谐，学会克制自己的欲望，这是电子竞技一切正常生命力运转常在的根本。

（三）道德自由增进

电子竞技的行为中存在道德现象，道德自由的实现是游戏情感、游戏认知、游戏意志的综合表现。从游戏的知善到游戏的体善，电子竞技的道德自觉性引导学生去自愿、自觉地履行道德自由的行为，电子竞技的道德自由表现为持久稳定、合乎道德标准的游戏操守和竞技精神。

四、电子竞技教育的美好生活

（一）价值追求的向往

在电子竞技教育中，人具有主体性地位，马斯洛把人的需要分为九个层次：生理安全、友爱、尊重、认知、审美、自我实现、利用主动态势、能动作用、积极态度。人能够支配电子竞技的价值追求，现实与理想密切联系，统一于人的全面状态，需要满足和发展人的内在动力，人的需要和价值追求是电子竞技全面发展的动因，电子竞技推动了物质利益的美好生活，电子竞技价值呈现不断上升的前进与发展过程的统一。

（二）社会认知的责任

人是社会关系中的人，人的需要具有社会性，社会对于电子竞技的认知需要包括生存认知、享受认知、发展认知三个部分。人区别于动物的根本在于人的主动实践，人在社会中的实践是人的存在方式，社会对于人的认知是感性的过程——"格物致知"。人既是目的又是手段，游戏自由是人的权利，电子竞技的自由是历史性的价值追求。

（三）自觉自乐的自悟

人的自觉、自乐、自悟的活动需要、社会能力、个性在构成电子竞技的各个要素间，相互关联，相互作用，实现人的全面发展。电子竞技的最高标准，指向人的自由个性，人是唯一的、独立的个体的存在，电子竞技运动满足了人的需要，激发了人的能力，促进了人的全面发展。电子竞技的情感体验在人的生命活动中达到乐的程度，"德福一致"，是生命的自觉与自为，乐而忘天下，是内在充实的美。电子竞技乐的体验归于人性游戏之自然，通过沉浸有序、和谐刺激、希望忘我的景中有情，情中生景，悟道生命的存在价值。

五、电子竞技教育的未来

以电子竞技和数字体育为引导，电子竞技教育的未来应大力弘扬中华体育精神，提升健全电竞行业新生态标准，推进全链条、全领域、全方位电竞教育创新，建设习近平新时代中国特色电竞新生态，实现人的全面发展，助力数字经济新高地。积极倡导德、智、体、美、劳全面发展的人才培养理念，把电子竞技教育与引导社会青少年健康发展结合起来，推动电子竞技类优质内容的生产、传播，营造风清气正的网络虚拟体育游戏生活空间，实现人的生命意义的启发。发挥电子竞技连接内外、沟通世界的作用，推动人类文明的交流互鉴，热爱生命健康，实现电子竞技的教育价值逻辑旨归，共建网络空间命运共同体。

（一）电子竞技教育高质量发展

高质量的发展是实现电子竞技教育持久性未来的必然要求，不仅可以在"教学课程—文化引导—游戏实践—体育健康"的通畅连接中产生经济效能，而且可以构建起融理论教学、产业技能、创新能力为一体的教育新形态，更加注重以人为本的生命力的呈现，注重体育健康与精神愉悦的并行。电子竞技教育为电竞产业提供了高质量的活水源泉，保障电竞传播效能的持续性，营造了一个电竞教育领航产业发展的可持续高质量空间。

（二）电子竞技教育的规范秩序

电子竞技教育既要保障电子竞技文化的有效传播，又要促进电子竞技教育的良性秩序。各个监管部门协同起来，在电子竞技运动员的选拔和电子竞技教育上，通过规范化制度建设，更加注重对于人作为运动主体的引导、电子竞技运动员的再教育、社会玩家的统一管理以及电子竞技科学发展的有效运转上，提供约束、秩序和效率。

（三）电子竞技教育的潮流引领

电子竞技专业教育和电子竞技普世教育，适合社会大众对电子游戏竞技的喜爱和普及。在接受与认同的共识上，不会停下电竞入亚的脚步，套上网络、技术、数据赋能发展的翅膀，不确定的潮流希望无限可期。从广义上讲，游戏并非自发产生的，伴随着人类的生存而相生，电子竞技无法自己宣传，需要有相应的从事者、从业者进行文化的打造，以此造就人作为历史的文明传承。技术的阶段只是开始的引动，电子竞技教育更加注重人的因素关注、青年一代的引领、养成以及教育的传播，同时，还注重如何在充分的智慧电竞和移动电竞中实现自己的存在价值。未来电子竞技教育将起到举足轻重的作用，成为社会的主流。

（四）电子竞技教育的国际视野

电子竞技不分国界，电子竞技教育具备国际化视野。游戏有共同的体育语言，需要掌握不同语言环境下的电子竞技项目的运用，作为一种城市文化、国家文化以及人类行为的延展，更加注重人类命运共同体的实现，积极探寻电竞教育的体育养成模式，创造电竞新历史，实现电竞育人梦想的追求，去不断定义和追寻电竞新体质，成为带动世界经济、融合传统体育、引领世界文化、展现奥林匹克精神的有效活水之源。

参考文献

［1］ 崔海亭 . 高校电子竞技人才培养研究 [C]// 中国体育科学学会体育信息分会 .
2016 年第十二届全国体育信息科技学术大会论文摘要汇编 . 2016：2.

［2］ 陈华 . 我国高校电子竞技教育热背后的冷思考 [C]// 中国体育科学学会 . 第
十一届全国体育科学大会论文摘要汇编 . 2019.

［3］ 宣澍，于耀翔，邰峰 . 元宇宙与电子竞技产业融合发展的时代机遇、应用前
景、风险挑战与对策建议 [C]// 中国体育科学学会体育信息分会 . 2022 年第
十四届全国体育信息科技学术大会论文摘要汇编 . 2022：1.

［4］ 崔海亭 . 传播游戏理论视角下我国电子竞技文化发展研究 [C]// 中国体育科
学学会体育信息分会 . 2022 年第十四届全国体育信息科技学术大会论文摘
要汇编 . 2022：2.

［5］ 周灵，戴志强，王莉莉 . 高校电子竞技教育的现状分析与路径探索 [J]. 才智，
2018（23）：135-136.

［6］ 沙芮伊，杜友君，翟哲 . 电子竞技社会价值导向辩证与实践路径 [C]// 中国
体育科学学会 . 第十二届全国体育科学大会论文摘要汇编 . 2022：3.

［7］ 梅艺凡 . 我国电子竞技特色小镇价值提升策略研究 [C]// 中国体育科学学会 .
第十二届全国体育科学大会论文摘要汇编 . 2022：3.

［8］ 徐静蕾 . 电子竞技粉丝饭圈化的成因与对策 [C]// 中国体育科学学会 . 第十三
届全国体育科学大会论文摘要集，2023.

［9］ 汪樱 . "电子竞技"与"第九艺术"——东西方游戏文化融合发展探析 [J]. 河
北北方学院学报（社会科学版），2022，38（3）：102-104.

［10］ 姚善贷，李沐宸 . 我国高校电子竞技教育的现状分析及对策研究 [J]. 当代
体育科技，2020，10（36）：112-115.

［11］ 杨贵明．电子竞技运动项目的规范化发展研究 [J]. 当代体育科技，2022，
12（27）：183-186.

［12］ 王丽萍．电子竞技专业职业院校教育现状分析 [J]. 新教育，2022（8）：
104-105.

［13］ 魏峙．除了天梯，电子竞技还能如何选拔和训练职业选手？[J]. 电子竞技，
2022（9）：90-93.

［14］ 李靖飞，胡乔．基于知识图谱的我国电子竞技研究进展分析 [J]. 四川体育
科学，2022，41（5）：25-29.

［15］ 王思行，毕静，赵依琳，等．人工智能在电子竞技领域的应用及发展趋势
分析 [J]. 玩具世界，2023（5）：12-14.

［16］ 杜赟鹏．电子竞技运动员基础认知能力优势研究——以英雄联盟为例 [J].
体育风尚，2023（7）：143-145.

［17］ 高阳．高职电子竞技运动与管理专业"赛事＋项目模块化"课程体系建设
思路初探 [N]. 山西科技报，2023-07-04（A06）.

［18］ 刘福元，赵敬凯．"新动能"引领下电子竞技产业扶持的政策性诠释——基
于 98 部规范性文件的实证分析 [J]. 社科纵横，2022，37（1）：122-133.

［19］ 边加斌．中国电子竞技体育发展现状及对策研究 [J]. 文体用品与科技，
2023（12）：193-195.

［20］ 曾梓铭，张文静，魏德样．拥抱元宇宙：电子竞技未来图景探赜 [J]. 体育
教育学刊，2023，39（3）：8-14.

［21］ 张圣岭，陈颇．中国电子竞技企业的发展现状与对策 [J]. 哈尔滨体育学院
学报，2023，41（3）：57-63.

［22］ 蒋毅，孙科，熊双．中国电子竞技发展困境的文化阐释 [J]. 成都体育学院
学报，2022，48（1）：49-54.

［23］ 薛云涵．电子竞技专业教材出版现状与对策 [J]. 武术研究，2023，8（3）：
153-156.

［24］ 陈昊．探析电子竞技对传统文化的传播——以《王者荣耀》为例 [J]. 文体
用品与科技，2023（5）：129-131.

［25］ 张震．电子竞技是否属于体育的"本体论约定"阐析与解决路径 [J]. 成都

体育学院学报，2023，49（1）：38-44.

［26］ 龚骁 . 电子竞技：虚拟现实中的游戏行为与电子游戏的体育属性 [J]. 中国多媒体与网络教学学报（上旬刊），2022（1）：237-240.

［27］ 郑少奇，潘秋雪 . 电子竞技正式纳入亚运会对我国体育经济发展的影响研究 [J]. 文体用品与科技，2022（23）：25-27.

［28］ 孙泽峰 . 人工智能在电子竞技领域的应用及未来展望 [J]. 体育科技文献通报，2022，30（5）：251-253.

［29］ 徐笑菡 . 域外电子竞技研究的推进路径、理论框架与现实旨趣 [J]. 成都体育学院学报，2022，48（3）：24-28.

［30］ 戴金明 . 我国电子竞技体育化嬗变中的难点探析 [J]. 广州体育学院学报，2021，41（6）：27-31.

［31］ 孙泽峰 . 基于 Cite Space 的国外电子竞技研究进展与趋势分析 [J]. 体育科技文献通报，2022，30（4）：225-227.

［32］ 许鑫 . 电子竞技人才建设现状及发展对策研究 [J]. 人民论坛，2022（8）：76-79.

［33］ 唐峰 . 电子竞技后备人才培养策略研究 [J]. 运动精品，2021，40（11）：99-100.

［34］ 张强 . 电子竞技有关职业和岗位介绍 [J]. 中国培训，2021（11）：74.

［35］ 黄璐 . 虚拟世界背景下电子竞技的具身化功能研究——基于黑客哲学的思考 [J]. 河北体育学院学报，2021，35（6）：23-29.

［36］ 金鑫，张君成 .《中国电子竞技产业报告》在沪发布 [N]. 中国新闻出版广电报，2023-07-31（02）.

［37］ 陈姝 .“电子竞技员”成为新职业 [N]. 深圳商报，2022-08-28（A01）.

［38］ 陆洋 . 电子竞技 是游戏还是体育 [N]. 上海科技报，2013-03-29（B01）.

［39］ 赵昂 . 电子竞技需要打造更多原创游戏 [N]. 工人日报，2021-07-20（7）.

［40］ 卢薇 . 中国电子竞技未来之路 [N]. 四川日报，2009-11-18（C04）.

［41］ 李占岳 . 我国地方政府电子竞技产业政策比较研究 [D]. 北京：国家体育总局体育科学研究所，2023.

［42］ 李娟 . 电子竞技游戏对青年价值观的影响及引导路径研究 [D]. 太原：山西财经大学，2023.

［43］ 马苏梅 . 高校电子竞技运动与管理专业人才培养现状及优化策略研究 [D]. 太原：中北大学，2022.

［44］ 杨赫 . 网络媒体电子竞技传播效果的影响因素与评价体系研究 [D]. 上海：上海体育学院，2021.

［45］ 陈东 . 中国电子竞技产业发展研究（1996—2015 年）[D]. 济南：山东大学，2016.

［46］ 项贤林 . 我国部分高校大学生参与电子竞技研究 [D]. 上海：上海体育学院，2011.

［47］ 袁嘉庚 . 对战类电子竞技对大学生身心健康的影响研究 [D]. 哈尔滨：哈尔滨师范大学，2023.

［48］ 陆瑶 . 山东省高职院校电子竞技运动与管理专业产教融合实践教学模式研究 [D]. 济南：山东体育学院，2023.

［49］ 宋嘉韵 . 高校电子竞技专业人才职业生涯规划研究 [D]. 牡丹江：牡丹江师范学院，2023.

［50］ 王倩宇 . 社会性别视角下女性电子竞技解说员的研究 [D]. 北京：北京体育大学，2023.

［51］ 陆敬琪 . 我国职业电子竞技选手的身份认同研究 [D]. 北京：北京体育大学，2023.

［52］ 马亦芹 . 南京市高校电子竞技运动发展现状及对策研究 [D]. 南京：南京理工大学，2022.

［53］ 谭映映 . 广州市政府发展电子竞技产业的困境研究 [D]. 广州：华南理工大学，2022.

［54］ 罗宇昕 . 中国电子竞技产业链优化研究 [D]. 武汉：武汉体育学院，2022.

［55］ 张如一 . 职业电子竞技俱乐部价值评估研究 [D]. 天津：天津商业大学，2022.

［56］ 李婷 . 我国职业院校电子竞技专业校企合作现状与对策研究 [D]. 广州：广州体育学院，2022.

［57］ 谷家振．电子竞技专题片叙事研究 [D].上海：上海体育学院，2021.

［58］ 张建文．我国电子竞技产业成长机制研究 [D].天津：天津财经大学，2021.

［59］ 陈志超．河南省高校电子竞技运动开展现状与对策研究 [D].新乡：河南师范大学，2020.

［60］ 刘星．新时代我国电子竞技发展环境对盈利模式影响的研究 [D].赣州：赣南师范大学，2020.

［61］ 袁博．大学生体育锻炼行为和电子竞技行为流畅体验的心理健康比较研究 [D].杭州：杭州师范大学，2020.

［62］ 吴芮．我国电子竞技发展现状及问题研究 [D].西安：陕西师范大学，2020.

［63］ 陈志伟．中韩电子竞技产业发展比较研究 [D].北京：北京体育大学，2019.

［64］ 荣柳．我国电子竞技产业链价值研究 [D].北京：北京体育大学，2019.

［65］ 胡荻．电子竞技赛事的粉丝经济与生态 [D].北京：北京外国语大学，2019.

［66］ 任豪．西安市高校电子竞技运动开展与推广研究 [D].西安：西安体育学院，2019.

［67］ 杨萍．电子竞技影响下的大学生价值观教育研究 [D].河南大学，2019.